무형문화재 원형보존을 위한 자료집

경기도 무형문화재 제27-1호

양주 상여와 회다지소리

김 헌 선 편

 도서
출판 월인

목 차

Ⅰ. 상여와 회다지소리의 역사와 현황

　양주 상여와 회다지소리는 양주시 백석읍 일대에서 전승되고 있는 장례의식요이다. 그 가운데 고릉말(고능말) 소리는 현재 상여와 회다지소리의 근간이 되는 소리이다. 고릉말은 방성리에서 으뜸되는 마을로, 능이 있던 마을 혹은 능의 자리로 적합한 지역이라 하여 붙여진 이름이다.[1] 이러한 지형적인 특성 때문인지 예전부터 이 지역에서는 빼어난 소리꾼들이 많이 나왔다고 전해진다. 양주에서 상여와 회다지소리가 발달한 이유로 전승민들은 한양이 인접한 지리적 특성으로 말미암아 왕릉이 조성될 경우 부역을 갔던 사람들에 의해 장례절차나 소리의 전통이 전승되었을 것이라고 전한다.[2] 양주 상여와 회다지소리는 소리의 다양성과 더불어 전승되는 동작들은 선인들의 슬기와 예술적 감각을 잘 나타내고 있다. 장례의 절차에 따른 소리의 다양성, 상두꾼들의 노동의 강도에 따른 소리의 분화는 선인들의 슬기를 엿보게 하며, 회다지의 동작은 다른 지역과 변별되는 예술적 감각이 돋보이는 부분이다.

　상여소리는 장례식 때 상여를 메고 가는 향도꾼 혹은 상두꾼으로 불리는 상여꾼들이 부르는 장례의식요이다. 일명 만가(輓歌)·향도가·향두가(香頭歌)·행상소리·회심곡(回心曲)·옥설개·설소리 등 지역에 따라, 가창자마다 다양한 이칭으로 불린다. 발인제가 끝나고 상여행렬이 장지까지 가는 과정에서 부르는 소리이다.

　회다지소리는 장지에 도착한 상여행렬이 관을 내리고 봉분을 다지는 과정에서 흙을 덮고 땅을 다지기 위해 달구질을 하며 부르는 소리이다. 회다지소리는 지역에 따라 달고소리, 달구소리, 달구질소리, 달귀소리, 달구노래, 달구질노래, 지지미노래 등

---

1) 『양주 향토자료총서 제4집 양주 땅이름의 역사』, 양주군·양주문화원, 2001, 301면.
2) 이 같은 사실은 조근동, 황정섭, 김세열 씨 등의 제보에 근거한다.

의 여러 이칭이 쓰이는데, 양주지역에서는 회다지소리 또는 달구소리라고 한다. 장지에 도착하여 시신을 매장할 때, 유해를 광중(壙中)에 안치하고 흙과 횟가루를 섞어 분묘를 다지는데 이를 달구질이라고 한다. 특히, 회다지소리는 사자를 장례하는 풍습 중 수장이나 풍장, 화장 등에서는 볼 수 없는 매장을 중시하는 우리 고유의 장례 풍습에서만 찾아볼 수 있는 의식요이다. 무덤을 사후의 가옥으로 인식하여 사자를 편안히 모시고자 하는 한국 장례문화의 핵심을 이루는 의식요라고 할 수 있다. 상여소리 및 회다지소리는 죽은 자에 대한 애도와 상여를 장지까지 운반하고 무덤을 만들기 위해 땅을 다지는 노동의 호흡을 고르고 흥을 돋우기 위한 노동요의 성격을 지니고 있다.

상여소리는 우리나라의 전통적인 상례문화에서 나온 장례의식요이다. 사람이 마지막 통과하는 관문이 죽음이고 이에 따르는 의례가 상례(喪禮)이다. 상(喪)이란 원래 사망을 뜻하며, 특히 자녀가 그의 부모의 사망을 말할 때 상이라 한다. 한편 상이란 사람의 죽음에 대해 애도의 뜻을 나타내는 행위를 의미한다. 상여와 회다지소리는 이러한 상례의 절차 가운데 치장(治葬)의 단계에서 불려지는 의식요라고 할 수 있다. 장례의식요는 한국의 전통 사회에서 면면히 전승되어 온 민요로서, 인간의 통과의례 중 가장 절대적이고 신비한 죽음에 임하여 불려지는 노래로 본질적인 면에서 장례의식요는 장례의식의 일부분으로 볼 수 있다.

장(葬)이란 시체를 지하에 매장하는 것을 말한다. 먼저 장지와 장일을 정한 후에 출상하는데, 장지는 대개 풍수지리설에 따라 풍수사, 지관들이 선정하는 것이 일반적이다. 모든 준비가 끝나면 출상 전일 저녁에 빈 상여를 가져오고 선소리꾼과 상여꾼들이 모여 '상여놀이'를 한다. 상여놀이는 빈 상여나 혹은 상여 위에 복인(服人)을 태우고 상여꾼이 발을 맞추어 보고 마당을 몇 바퀴 도는 것을 가리킨다.[3] 백석읍 일대에서도 과거에는 마을에 초상이 나면 출상 전날 이같은 상여놀이를 행했다고 전하지만, 현재에는 그 전통이 끊어진지 오래이다. 출상일에 시신을 모신 관을 방밖으로 모시고 나가서 발인제를 올린다. 발인제가 끝나면 상여를 들고 세 번 하직 인사를 하고 상여머리를 돌며 집을 나선다. 이때부터 본격적으로 상여소리가 등장하게 된다.

양주 상여소리는 긴상여소리, 자진상여소리, 오호소리로 나눠진다. 긴상여소리는 발인제 후 상여가 출발하면서 선소리꾼이 느린 굿거리장단으로 사설을 메기면 '어허

---

3) 治葬에 순서는 다음의 책에 기술된 것을 기초로 소리를 중심으로 정리 서술한다.
    이두현·장주근·이광규 공저, 『신고판 한국민속학개설』, 일조각, 1997, 83~86면.

어허 어허리 넘차 어하'로 받는 소리이다. 자진상여소리는 상여가 묘지 가는 길이 멀 경우에 갈 길을 재촉하여 빨리 가면서 부르는 소리이다. 오호소리는 외나무를 건너거 나 언덕길을 오를 때 부르는 소리이다. 긴상여소리, 자진상여소리, 오호소리는 상여의 이동 상황에 따른 소리의 변화이다. 상여소리는 장례의식의 일환으로 진행되는 노래 이지만 상여를 옮기며 부르는 노래이기에 노동요적 성격도 지니고 있다. 소리의 전환 은 이러한 점과 무관하지 않다고 볼 수 있다.

상여가 장지에 도착하면 상여 옆에 영좌(靈座)를 설치하고 과물(果物)을 차리고 조 객의 조문을 받는다. 상여꾼들은 상여를 내려놓고 상여를 해체한 후 고인을 모신 관 을 광정 앞의 횡대 위에 모셔놓는다. 시신은 관으로 모시는 입관 방식과 관을 해체해 모시는 퇴관의 방식이 있다. 퇴관 방식을 충청도 일대에서는 '살장'이라고 불린다.

회다지소리는 하관한 다음 흙을 메우고, 또 봉분을 쌓는 과정에서 흙을 다지면서 부르는 노래이다. 이때는 6인 이상 짝수가 되는 인원이 동원되어 보통 3켜 이상 7켜 정도로 홀수 켜로 다진다. 회다지소리에는 반주악기로 주로 북을 사용하는데, 예전에 는 징, 제금, 태평소 등도 사용되었다고 전해진다.[4] 회다지소리에는 많은 노래가 들 어가 있는데 긴달고(곰방네)소리, 자진달고소리, 꽃방아소리(회방아소리), 어러러소리 (훠러리소리), 상사소리(상도야소리), 새 날리는 소리 등이다. 이 노래들이 불려지는 순차는 주술적으로 매우 의미심장한 구성이다. 각 켜가 다져질 때마다 노래는 반복 해서 불려진다. 각 순차에 따르는 노래의 사설을 채우기 위해 회심곡, 초한가 등의 사설이 얹혀져 불린다. 양주회다지소리는 소리의 다양성 외에도 작업 방식의 시각적 인 아름다움을 특징으로 한다.

긴달고소리는 묘지에서 하관을 한 후 흙을 넣고 처음 다질 때 그리고 조금 쉬었다 가 다시 흙을 넣고 달굿대로 2~3분 동안 흙을 다지면서 선소리꾼의 긴소리에 맞춰 부르는 소리이다. 달굿대를 짚고 소리를 맞추며 발을 맞추는 과정이 일정하게 실현되 는 특징을 보인다. 특히 단순하게 달굿대만을 짚고 발을 맞추는데 그치지 않고, 노래 가 불려지면서 회다지꾼들의 동작을 통해서 옆사람들과 등도 맞추고 배도 맞추면서 원으로 둥글게 돌아간다.

긴달고소리의 사설은 일정하지 않지만 늙음에 대한 탄식, 죽음에 대한 탄식, 회심곡 사설, 풍수지리에 입각한 천지조판과 명산명기타령이 주어지기도 한다. 이 가운데서

---

4) 현 양주 상여와 회다지보존회 사무국장인 황정섭 씨의 제보이다.

양주지역에서 특히 빠지지 않는 공식구로 긴달고소리의 시작을 '군방님네~'라고 해서 선소리꾼이 달구질 하는 사람들을 부르는 소리인데, 선소리꾼이 세 번을 반복창 한 후에야 나머지 사람들이 '예~' 하고 소리를 받는 형식으로 되어 있다. 그리고 '예~' 소리 이후에 본격적인 선율 진행의 긴달고소리가 불려진다. 자진달고소리는 매우 장엄하면서도 엄숙한 노래로 회다지의 의례적 엄중함을 보여주는 소리라고 할 수 있다.

자진달고소리는 긴달고소리와 짝이 되는 소리로 곡이 경쾌해지면서 동작에서 큰 차이가 있다. 자진달구소리의 사설 역시 일정하지 않으나, 가창자의 능력에 따라서 명산명기타령, 회심곡, 범벅타령, 중타령 등이 이어지기도 한다. 동작이 단조롭고 규칙적이며 역동적으로 바뀌는 대신에 사설이 유기적으로 전개되며, 가장 특징적인 현상 가운데 하나는 서사민요가 개입하게 된다. 자진소리의 역동적이며 경쾌한 소리의 진행은 장례 또는 상례의 엄숙한 제의적 성격과 배치되는 측면이 있다. 하지만 이러한 현상은 죽음의 허무감을 삶의 진실성과 발랄함으로 극복하고자 하는 의식에서 기인하다고 볼 수 있다.

꽃방아소리는 논매는 소리의 꽃방아소리와 일치하는 소리이다. 회방아와 논방아의 관련성은 양주만의 특징은 아니고 경기도 서북부 일대의 장례의식요에서 공통적으로 발견되는 사실이다. 이러한 사실이 그 명칭에서도 드러나는데, 논매는 소리에서 사용되는 '꽃방아소리'라는 명칭이 회다지소리에서도 동일하게 사용되고 있다. 이와같은 사례는 노동요와 의식요 사이의 일시적 간섭현상이 아니라, 노동요와 의식요 사이에서 불가분의 동질적 현상이 발생한 것으로 이해된다. 미학적 구조와 형식에서도 일치하고 사설의 차이에도 불구하고 죽음을 삶으로 찬양하고 일의 흥겨움을 자아내게 하는 데 긴요한 사례이다. 꽃방아소리는 부르는 형식이나 음악적인 성격에 있어서도 매우 독특하다. 긴방아소리나 자진방아소리 등은 동일한 간격으로 선율이 반복되는 다른 노래에 비해서 꽃방아소리는 선소리꾼의 역량에 따라서 메기는 소리를 얼마든지 길게 불러서 유장하게 소리를 이끌어간다.

어러러소리는 지역에 따라서는 '훠러리소리'라고 불려지기도 한다. 노래 가사에 특별한 내용적 제약이 정해져 있지 않지만, 시작하는 초입에 일국을 호령하던 영웅들도 죽음을 모면할 수 없다는 것을 말한다. 망자 자신이나 유가족들에게는 특별한 사건이지만 어느 누구도 피해갈 수 없는 일반적인 일임을 각자가 인식하게 하는 대목이라고 하겠다.

상사소리는 '넬렐렐 상사도야'라는 후렴구를 받는 노래로, 상사소리의 사설은 일명

'상사'와 관련된 여러 사설을 엮어서 부르는 것이 특징이라고 할 수 있다. 또한 회다지가 거의 끝날 무렵에 새 날리는 소리가 불려진다.[5] 새 날리는 소리는 여섯 종류의 새를 거열한 후에 새를 날리는 사설로 되어 있는데, 마지막으로 '우야 훠럴'이라고 선후창을 하면서 소리를 마감한다.

양주시 백석면 일대에서 전승되고 있는 양주 상여와 회다지소리는 과거에만 존재했던 소리가 아니라, 현재에도 꾸준하게 불려지고 있는 생명력 있는 소리의 전통이다. 양주 상여와 회다지소리는 사라져가는 장례 전통문화의 모습을 계승하는 동시에 현대화하는 모습을 보여준다는 점에서 커다란 의의를 지닌다.

양주 상여와 회다지소리는 이러한 중요성을 자각한 토박이들에 의해 자발적으로 전승이 이루어지고 있다는 데 높은 의의가 있다.[6] 대부분의 전통적인 지역 사회에서와 마찬가지로 양주 백석지역에서도 마을에 상(喪)이 나면 마을 주민들이 마을 단위의 상조직을 조직하여 상을 치렀다고 한다. 초상에 관한 모든 일을 주관하는 이를 '호상(護喪)'이라고 하는데, 호상은 반드시 혈연적 관계에 있어야 하는 것은 아니며 마을에서 상장례법이 해박한 사람으로 상주가 직접 관리하지 못하는 상장례와 관련된 일체의 진행을 도맡아서 처리한다.

예전에는 마을마다 상장례에 필요한 도구 일체를 보관하는 행상독(상여독)이라는 곳이 있었다고 한다. 양주 백석지역의 행상독은 토담집 형태로 큰오미(현재 백석읍 오산리에 있는 마을)에 1970년대 후반까지 존재했다고 한다. 이후 토담집의 행상독도 퇴락하고 마을회관이 건립되면서 자연스럽게 그곳의 물품들을 마을회관으로 옮겨오게 되었다. 그 후 양주 상여와 회다지소리 전수회관이 준공되면서 마을회관에 보관되던 장례에 소요되는 물품 일체를 옮겨와 보존 전승하고 있는 실정이다.

양주 상여와 회다지소리 전승에서 주목할 점은 전승민들이 소리 전승뿐만 아니라, 전통적으로 사용하던 상장례 용품의 물질 전승에도 힘썼다는 데 있다. 현재 양주 상여 회다지회관에 보관되고 있는 상여는 꽃상여를 포함하여 모두 4대이다.

현재 양주 상여와 회다지소리는 경기도 무형문화재 제27-1호로 지정되어 있는 문화 자산이다. 양주 상여와 회다지소리가 무형문화재로 지정되기까지 양주 상여와 회다지 보존회를 중심으로 한 백석면 주민들의 노력이 지대했다고 할 수 있다.

---

5) 김헌선, 양주 지역 민속 문화의 전통, 『양주 상여와 회다지소리 및 양주 소놀이굿 활성화 방안』, 양주시, 2004.
6) 이하에 서술하게 될 양주 상여와 회다지 보존회 중심의 내력은 조근동 전직회장의 제보에 의한다.

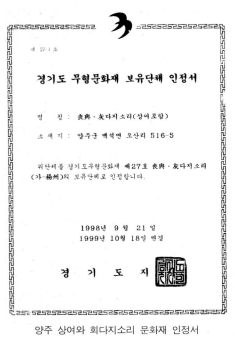

양주 상여와 회다지소리 문화재 인정서

전통적인 장례법이 사라진 현대사회에서 자신들의 지역문화를 온전히 보전하고자 지역의 유명한 선소리꾼의 소리를 전수 보존하고자 하였다. 1991년 제7회 경기도 민속예술 경연대회는 이러한 자생적인 노력의 시발점이라고 볼 수 있다. 고능말 주민 80여명이 주축이 되어 대회에 참가하여 우수상을 수여받았다. 이때 참여한 유명한 소리꾼으로 김인기, 김명기, 최장환 등을 꼽을 수 있다. 91년도의 행사 참여에서 마을의 노년층이 주도적인 역할을 했다면 94년도 제9회 경기도민속예술경연대회부터는 마을의 청년회가 주축이 되어 소리의 전통을 계승 발전하기 시작했다. 이러한 발전과 변화의 모색 과정에서 1995년 양주 상여와 회다지소리보존회가 결성되게 이른다. 이같은 자발적인 전통의 발전과 계승의 노력은 1997년도 9월에 경기도 무형문화재 제27호로 인정되는 작은 결실을 가져왔다. 그 후 1998년도 9월 21일에 경기도 화성과 양평 지역이 새롭게 문화재 지정을 받으면서 경기도 무형문화재 제27-1호로 재지정 받아 오늘날에 이르고 있다.

지금까지 네 차례의 정기공연과 많은 초청공연 등을 통해 양주 상여와 회다지소리의 전통을 대내외적으로 알리는 역할에도 힘쓰고 있다. 양주 상여와 회다지소리는 전통적인 장례문화의 실체인 상여와 그에 관련된 소리의 전통을 검토할 수 있으며, 더 나아가서 생활문화로서 전통적인 장례법의 실체를 보여주며 복원할 수 있는 계기를 마련한다는 점에서 중요한 의의를 지닌다.

양주 상여와 회다지소리 보존회는 현재 고명산 회장을 중심으로 한 150여명의 회원들이 상조회식으로 단체를 운영하고 있다. 양주 상여와 회다지소리 보존회는 양주의 오래된 전통을 이어가기 위한 노력뿐만 아니라 지금도 마을에 초상이 나면 실제로 장례 전반에 주도적으로 참여함으로써 생활문화로서의 전통 장례문화 지킴이 노릇을 착실히 하고 있다. 양주 상여와 회다지소리 보존회의 매우 활발한 활동을 통해서 현재 보존회의 회원뿐만 아니라 많은 사람들이 회원으로 가입하기를 원할 만큼 긍정적인 이미지를 심어주었다. 이는 현재의 보존회 운영뿐만 아니라 앞으로 나아갈 보존회의 일면을 보여주는 것이라고 할 수 있다.

양주 상여와 회다지소리 보존회의 활동

행 사 일	행 사 장 소	행 사 성 격	비고(수상내역)
1991.9.12~13	수원종합운동장	제7회 경기도 민속예술 경연대회	(우수상)
1994.9.8.~9.	안양종합운동장	제9회 경기도 민속예술 경연대회	(노력상)
1995.9.14.~16.	성남종합운동장	제10회 경기도 민속예술 경연대회	(장려상)
2000.9.21.	포천	억새풀축제	
2000.10.1.	양주문화예술회관	초청공연	
2000.10.10.	의정부 시청 앞	의정부 회룡문화제	
2001.10.22.	양주별산대전수회관	양주문화제(경기북부무형문화재)	
2002.4.21.	양주소놀이굿전수회관	양주소놀이굿 초청공연	제1회 정기공연
2002.6.21.	수원장안공원	월드컵기념축제	
2002.10.5.	양주별산대전수회관	양주문화제	
2002.10.13.	양주문화예술회관	양주JC 초청공연	
2003.2.13.	대전 한남대학교	한구구비문학회	
2003.5.4.	양주별산대전수회관	양주문화축제	제2회 정기공연
2003.10.12.	백석초등학교	백석문화축제	
2003.10.19.	양주별산대전수회관	양주문화제	
2003.11.1.	수원 만석공원	경기도무형문화재 대축제	
2004.5.16.	양주별산대전수회관	양주문화축제	제3회 정기공연
2004.9.19.	남산 한옥마을	상설공연	
2004.10.23.	양주별산대전수회관	양주문화제	
2005.4.24.	소놀이굿전수회관	초청공연	
2005.5.29.	MBC 대장금 파크	초청공연	
2005.6.5.	양주별산대전수회관	양주문화축제	제4회 정기공연
2005.9.25.	서울 숲공원	투어공연	
2005.10.2.	양주별산대	양주문화제	
2005.10.13.	용암골축제	서정대학교	
2005.10.30.	MBC 대장금 파크	초청공연	

Ⅱ. 상여와 회다지소리의 구성과 연행순서

1. 도구와 복색

1) 상여

상여는 초상이 났을 때에 때 시신(屍身)을 운반하는 기구를 말한다.[7] 상례 때 쓰이는 운반기구로는 시신을 운반하는 상여와 혼백을 운반하는 영여(靈轝)가 있다. 이 둘을 통칭하여 상여라고도 하지만, 일반적으로는 앞의 것만을 지칭한다.

상여는 우리나라의 문헌에만 나타나는 말이며, 중국의 문헌에서는 대여(大轝) 또는 온량(轀輬)·온량거(轀輬車)·영거(靈車)라고도 지칭됐다. 문헌에 따르면 상여의 구조에 관해서 다음과 같이 기술되어 있다. 대여의 기본 구조는 장강(長杠)을 중심으로 한 기본틀과, 관(棺)을 싣는 소방상(小方牀), 그리고 그 관구를 덮는 죽격(竹格)으로 나누어져 조립하도록 되어 있다.

≪가례≫에 따르면, 중앙에 구멍을 뚫고 그 곳에 복토(伏兎)를 붙인 장강 두 개를 중심으로 하여, 양끝에 횡강(橫杠)을 붙이고, 그 횡강 위에 다시 단강(短杠)을 덧붙여서 기본틀을 만들거나, 또는 단강 위에 다시 소강(小杠)을 덧붙여 만들며, 이 기본틀은 삼[麻]줄로 얽어 만든다. 소방상은 따로 만들어서 관을 싣는데, 양옆에 둥근 기둥을 달아 장강 중앙의 구멍에 끼워달며, 그 두 기둥 윗부분에 네모난 구멍을 뚫어 횡경(橫蓋)을 가로질러 끼우고, 기둥 밖으로 나온 횡경 끝에는 다시 소경(小蓋)을 질러

---

7) 「상여」, 『한국민족문화대백과사전』, 한국정신문화연구원, 2002.
정종수, 「상여고」, 『생활문물연구』 창간호, 2000. 11.
이하 두 저작에 입각해서 상여에 대해서 기술하고자 한다.

만든다. 그리고 두 기둥의 앞뒤에 따로 네 개의 기둥을 세워 죽격을 떠받치도록 한다. 죽격은 대나무로 틀을 만들어 비단을 둘러 감싸 만들고, 맨 위에는 연꽃 장식을 달아, 마치 촬초정(撮蕉亭)과 같은 모양으로 하며, 네 모퉁이에는 유소(流蘇)를 단다.

이와 달리 ≪사례편람≫의 소여는 대여의 기본틀을 중심으로 하였으나, 소방상이 없으며 죽격 대신 유개(柳蓋)를 사용하여 관구를 덮으며, 그 앞뒤에 네 개의 사롱(紗籠)을 매어달고, 그 위에 앙장(仰帳)을 치는 것으로 설명되어 있다.

일반적으로 쓰이고 있는 상여에는 목상여와 꽃상여 두 가지가 있다. 하나는 조립식으로 만들고 반영구적이며, 또 다른 하나는 한 번만 쓰고 태워버린다. 반영구적인 상여는 모두 목재를 사용하고, 단청을 하여 호화롭게 꾸민 것으로, 조립식으로 되어 있다. 기본틀로서 양 끝에 두 개의 횡강이 고정되어 있는 장강이 있고, 중앙에는 소방상 대신에 관을 올려놓을 수 있는 횡목이 끼어 있다. 아래위 두 칸으로 나누어지는 격간(隔間)으로 만들어진 네 개의 난간이 둘려지며, 장강에 꽂아 배방목으로 지탱되는 네 개의 기둥 위에 판첨을 '병아리 못'으로 고정시키고, 주위는 띠와 수실 드림으로 치장한 휘장으로 두른다. 그리고 네 모퉁이에 유소를 매단 봉수(鳳首)를 꽂고 유소에 사롱을 단다. 그 위에 보개로 불리는 별갑을 씌운다. 별갑의 네 모서리마다 십자룡(十字

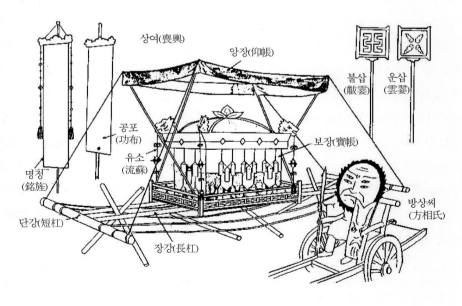

상여 부분 명칭

龍)의 나뭇조각으로 치장하며, 맨 위에 연봉(蓮峰)을 붙인다. 그리고 이 별갑의 네 변에는 작은 동자(童子)나 선녀(仙女)의 조각으로 꾸민다. 그 위는 앙장으로 씌운다. 대체로 구조는 크게 보아 장강·난간·판첨·별갑·앙장으로 되어 있으며, 소방상의 설치가 빠져 있다.

꽃상여는 장강채 위에 대나무로 짠 틀을 세우고 그 곁에 흰종이 꽃을 달아 치장한 것으로, 그 위에는 앙장을 달았다. 꽃상여를 사용한 후 장강채는 그대로 두고 관을 덮었던 덮개 부분만 태운다.

상여를 메는 사람을 보통 상여꾼·상두꾼 또는 향도꾼이라고 부르는데, 장강의 양 끝에 고정시킨 횡강의 양 옆에 천이나 밧줄을 매고 중간 중간에 횡목을 끼워 그 사이에 사람이 들어가 어깨에 메고 운반한다. 장강채의 길이와 상여 꾸밈새의 무겁고 가벼움에 따라, 12~30명의 사람이 운반한다.

상여에 각종 장식을 달아서 매우 화려하게 장식한다. 조선시대에는 경제적으로 여유가 있는 사대부집안에서는 아예 목수를 불러다가 상여를 직접 제작하여 사용하였다고 한다.

현재 양주 일대에서 사용하는 상여는 1회용인 종이상여가 아니라, 마을에서 공동으로 사용하는 나무상여를 사용하고 있다. 원래 자연마을 단위의 '행상독'에 상여와 의물 일체를 보관하는 장소가 있었으며, 이 행상독은 마을의 유사를 담당한 사람이 관리를 했다고 한다. 양주 상여와 회다지소리 보존회에서 사용하고 있는 상여는 모두 4개이다.

하나는 보존회가 본격적으로 활동을 시작한 1991년에 만든 상여로, 현재는 노후되어 사용하기 어려운 상태이다. 2001년부터 현재와 같은 2단의 형태를 가진 상여를 사용하기 시작했다. 이 상여는 천안상여를 만드는 예능인인 이필상 씨에게 부탁해서 만들었는데,[8] 아름다운 단청과 화려한 장식으로 꾸며진 상여이다. 이 상여를 제작하기 위해서 현 사무국장인 황정섭 씨는 이필상 씨와 함께 남은들상여를 관찰하고, 상여의 상층부를 남은들상여의 구조에서 얻어왔다고 한다. 남은들상여(중요민속자료 31호)는 조선시대 흥선대원군(興宣大院君)의 아버지인 남연군(南延君)을 운구했던 상여로 당

---

8) 현재 보관중인 상여 4개는 모두 이필상(李弼相, 54) 어른이 제작한 것이다. 이필상 어른은 충남 천안에서 상여를 오랫동안 제작해 온 분으로, 30여년 전부터 전통상여를 제작하는 법을 스승에게 배워서 25년 동안 직접 상여 제작하고 있다. 현재 '영생상여' 공장을 운영하고 있으며, 충청도뿐만 아니라 타 지역의 상여들도 다수 제작한 전적이 있다.

시 양반가문에서 사용된 상여의 모습을 알 수 있는 귀중한 자료이다. 이 상여의 전체 구조는 그리 크지 않지만 상부인 보개에 용수(龍首)·봉수(鳳首)·운룡(雲龍)을 새긴 마룻대 등은 매우 아름다운 모습을 하고 있다. 이러한 모습의 남은들상여를 바탕으로 해서 현재 양주의 공연용 상여를 제작하게 된 것이라고 한다.

증언에 따르면 이 상여를 공연용과 실제 장례에 병행해서 사용하던 둘을 분리해서 사용하자는 보존회 회원들의 건의에 의해서 2002년에 따로 실제 장례용 상여를 제작했다고 한다. 이 당시 제작된 상여는 1단의 2층 구조를 가진 상여로 공연용 상여에 비해 작은 구조를 갖고 있으나 그 화려함이나 아름다움은 마찬가지이다. 이는 현재까지도 장례용 상여로 사용되고 있다.

현재 공연으로 사용하고 있는 상여는 2003년도에 제작한 것으로, 2001년에 제작한 상여와 동일한 것이다. 2001년에 제작한 상여가 수차례 공연을 거치면서 파손되거나 분실되면서 2003년에 동일한 것으로 다시 제작하였고, 이 상여를 현재까지도 사용하고 있다.

양주 백석면 상여와 회다지소리 보존회에서 사용하고 있는 상여의 구조를 살펴보면 다음과 같다. 양주의 상여 역시 큰구조는 일반적으로 사용되는 상여의 구조와 동일하다. 즉, 가장 하단부부터 상부까지 장강·난간·판첨·별갑(보개)·앙장의 구조로 되어 있다.

장강틀

상여 난간과 판첨

상여 상단부: 별갑(보개)

　장강은 상여틀 전체를 밑에서 받치는 것으로 길게 늘이는 장강과 장강을 이어주는 횡강과 횡목으로 구성되어 있다. 장강틀 위에 고인의 관을 모신다.

　상여의 난간부는 판첨부와 함께 장강틀 위에 직접 올리는 것이다. 난간은 격간의 난간을 사용해서 판첨에 얹어서 보관한다. 판첨은 상부에 여러 장식물을 꽂는 운각부분과 여러 수실과 휘장으로 장식된 보장부분으로 나눌 수 있다. 운각부분은 아름다운 용무늬의 단청의 그려진 부분으로 별갑과 연결되는 부분이면서 여러 장식물을 꽂는 부분이다. 판첨 위에 올리는 별갑(또는 보개)은 상여의 몸체에서 가장 상부에 올려지는 부분으로, 판첨과 마찬가지로 두 부분으로 다시 세분할 수 있다. 보개의 윗부분으로 여러 장식물을 얹는 운각부분과 휘장과 수술로 장식된 보장이 그것이다.

　상여의 본체를 위에서 덮는 것을 앙장이라고 하는데, 이는 흰색바탕에 푸른색 너울을 붙여서 앙장대 끝에 달아서 네 귀로 세우도록 되어 있다. 이는 하늘을 상징하는 것으로 앙장이 너울 너울 높이 날수록 망자가 좋은 곳으로 간다는 관념이 있다. 상여 행렬을 멀리서 바라보면 높이 꾸며진 상여의 보개부분 위로 앙장을 휘날리면서 이동 하는 모습이 매우 아름답게 보인다.

앙장을 씌운 상여틀

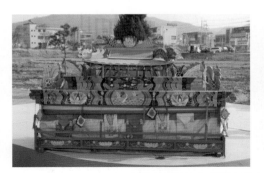 

보관 상여(1991년 제작)의 옆과 뒷면

실제 장례용 상여 측면(단층상여, 2002년 제작) 옆과 전면

2) 명정(銘旌)

명정(銘旌)은 사자의 관위(官位)나 성명(姓名) 등을 붉은 비단에 쓴 깃발이다. 명정은 빈소의 동쪽에 세워두는데, 행상(行喪)할 때는 요여 앞에 서서 간다. 장지에 도착해서는 하관을 한 후 관 위를 덮어서 고인의 신분을 나타낸다.

≪예기(禮記)≫ <단궁(檀弓)>에는 명정을 사용하는 이유에 대해서 다음과 같이 설명하는데, "명(銘)은 명정(明旌)이다. 죽은 자는 구별할 수 없기 때문에 그 기로 표시하는 것이다. 사랑하기 때문에 여기에 기록하는 것이요, 공경하기 때문에 그 도리를 다할 뿐이다."라고 하여서 명정이 고인을 알아보게 하기 위한 것이라고 밝힌다. 명정은 신분에 따라 크기가 다르나 글자는 신분의 구별 없이 똑같이 쓴다고 한다.

명정에 일반적으로 남자는 '모관모공지구(某官某公之柩)', 여자는 '모봉모관모씨지구(某封某貫某氏之柩)'라고 쓴다. 관직이 없는 남자는 학생(學生)이라고 쓰고, 부인은 봉작이 없으면 유인(孺人)이라고 쓴다.

현재 보존회에서 공연용으로 사용하는 명정에는 '嘉善大夫戶曹參判濟州高公之墓'으로 씌어져 있다.

3) 공포(功布)

공포(功布)는 굵은 베로 만든 5~6척의 천으로, 발인할 때는 대나무에 매달아 축관이 상여 앞에서 들고 간다. 그리고 장지에서 관을 묻을 때는 닦는 용도로 사용한다. 또한 명정과 함께 발인하는 길의 상황을 미리 알려주는 길잡이 구실도 한다.

명정

공포

4) 만사(輓詞)

죽은 사람을 애도하는 글을 쓴 천으로, 만장(輓章)이라고도 한다. 만(輓)이란 앞에서 끈다는 뜻으로 상여가 떠날 때 만장을 앞세워 장지로 향한다는 뜻에서 만장이라고 부른다. 만장에는 고인이 살았을 때의 공덕을 기려 좋은 곳으로 갈 것을 인도하게 한다는 뜻도 담겨 있다.

춘추전국시대에 친척이나 친구가 죽으면 상여의 뒤를 따라가며 애도하며 부른 만가(輓歌)를 옆의 사람이 받아 기록한 것이 만사의 시초라고 한다. 만장의 형식은 오언절구와 오언율시 또는 칠언절구와 칠언율시로 쓰는 것이 일반적이지만, 때에 따라서는 고시체를 본떠서 장문시의 글을 짓거나 4자체로 쓰는 경우도 있다. 만장에 쓰는 내용은 일반적으로 망인의 학덕·이력·선행·문장·직위 등에 대한 칭송과 망인과 자기와의 친분 관계 등을 표시한다. 그리고 평소에 다정하게 지냈던 일이나 특별한 일을 떠올려 두 사람의 관계를 밝히기도 한다. 자기와의 관계가 없고 친면이 없으나 평소에 존경하거나 흠모해 교제를 원한 사이에도 그 뜻을 밝히는 만장을 짓는다.

만장의 길이와 폭은 규격으로 정해져 있지는 않았다. 대체로 길이는 8자, 폭은 2자 내외이며, 색상도 백·청·홍·황 등 다양하게 사용한다. 만장의 위와 아래는 적은 축대를 사용하고 대나무로 깃대를 만든다. 장례의 행렬에서 반드시 영정의 뒤를 따르게 하고, 장례가 끝난 뒤에는 빈청(殯廳)에 보관하며, 망인의 문집을 발간할 경우 부록에 원문을 수록한다.

현재 양주 상여와 회다지 보존회에는 50개의 만장을 보유하고 있다. 이 중 20개는 1991년 보존회가 본격적으로 활동하기 시작할 시점에 백남진(복지리 거주) 노인이 글을 써서 만든 것이다. 이 만장들은 오래되어서 2005년에 새로 제작해서 현재 사용 중이다. 나머지 30개의 만장은 2005년에 새로 제작한 것으로 성철스님의 열반시에 사용된 만장 중에서 불교적 색채가 짙지 않은 것들만 선택해서 제작한 것이라고 한다.

소장하고 있는 만장 사진

만장 1-금강경

만장 2--切唯心造

만장 3

만장 4

만장 5

만장 6

만장 7

만장 8

만장 9

만장 10

만장 11

만장 12

만장 13

만장 14

만장 15

만장 16

만장 17

만장 18

만장 19

만장 20

5) 삽(翣)

삽(翣)은 발인시에 상여의 앞이나 좌우에서 들고 가는 치장(治葬) 제구의 하나로, 고인의 영혼을 좋은 곳으로 인도해 달라는 염원을 담고 있다. ≪국조오례의≫의 삽에 관해서 "나무로 광우리를 만드는데 부채 모양처럼 하되 양 가장자리를 모나게 하여 두 뿔이 높다. 넓이는 2척, 높이는 2척 4촌이며, 흰 베의 옷을 입히며, 자루의 길이는 5척이다. 삽에는 보삽(黼翣)·불삽(黻翣)·화삽(畵翣) 등 세 가지가 있는데, 보삽에는 보(黼)를 그리고, 불삽에는 불(黻)을 그리며, 화삽에는 구름은 그린다. 그 가장자리에 는 모두 다 구름을 그리는데, 모두 자색으로 그린다."라고 설명 하였다. 현재는 불삽 (=아삽(亞翣))과 화삽(=운삽(雲翣))을 사용하고 있다. 대체로 상여의 앞쪽 두 귀퉁이 에 아삽을 세우고, 뒤쪽 두 귀퉁이에 운삽을 세운다.(삽: 가로 230×455mm, 총길이: 2,800mm)

아삽(亞翣)

운삽

6) 요여(腰輿)

시체를 묻은 뒤에 혼백과 신주(神主)를 모시고 돌아오는 작은 가마로, 영여(靈輿)라 고도 한다. 상여가 묘지로 향할 때 맨 앞에 명정(銘旌)이 서고 다음에 공포(功布), 그 리고 요여와 상여 순으로 행렬이 이어진다. 최근에는 민간에서 요여 속에 혼백 또는 영정이나 사진을 모시고, 그 밖에 죽은 사람의 옷과 담뱃대·신발 등을 넣어가기도 하며, 묘역이 끝나면 혼백 또는 사진을 모시고 온다.

요즈음은 이 요여를 고인의 손자들이 메기도 한다. ≪세종실록≫ 오례의편(五禮儀篇)에 죽책·옥책·금책·어보(御寶) 등을 운반할 때 사용한 책보요여(冊寶腰輿)라는 것과 명기복완요여(明器服玩腰輿) 등의 기록이 보인다.

양주 상여와 회다지소리 보존회에 보유하고 있는 요여는 2개이다. 하나는 2001년 상여 제작시에 함께 제작한 것으로 역시 공연용으로 사용되고, 다른 하나는 2002년에 실제 장례용으로 제작하여 사용하고 있는 것이다.

2001년에 제작된 요여는 상여와 마찬가지로 매우 화려한 조각품들과 단청으로 치장되어 있으며, 두 사람이 앞뒤에서 붙잡고 이동한다.

요여의 전면과 측면
(높이: 940mm, 가로폭: 1,770mm, 난간의 높이: 240mm, 사방: 720mm, 여의 높이: 280mm, 사방: 450mm, 지붕 공포 높이: 560mm, 사방: 660mm)

연봉·용·봉황을 올리기 전의 모습

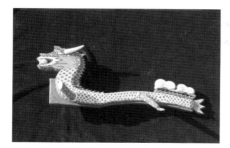

청룡(확대) (가로 470mm×세로 160mm)

요여에 올려진 황룡의 모습

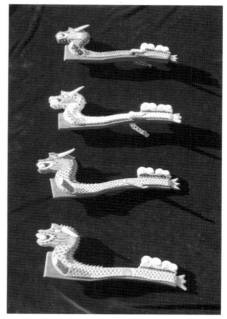

요여 상단부의 네 귀에 올리는 용

봉황(확대) (가로 340mm×세로 150mm)

요여 지붕에 올려진 봉황의 모습

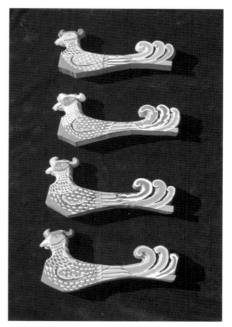

요여 상단부에 올리는 봉황

요여 상단부에 올리는 연꽃
(폭 100mm×높이 200mm)

요여 지붕에 올려진 연꽃의 모습

실제 장례용 요여 전면(2002년 제작)

실제 장례용 요여 후면(2002년 제작)

7) 백가마

백가마는 장례 행렬 시 고인의 가족 중에 연세가 많거나 몸이 불편한 여상주를 태우기 위한 장례용 가마이다. 앞 뒤에 각각 두 사람씩의 가마꾼들이 백가마를 멘다.

백가마의 정면

백가마 (1991년 제작)

8) 방상시(方相氏)

방상시(方相氏)는 방상이라고 하여서 장례 행렬의 맨 앞에서 귀신을 쫓고 영구를 인도하며 묘지에 이르면 제일 먼저 광내(壙內)로 들어가서 사방 모퉁이를 창으로 쳐서 잡귀와 액을 쫓는다.

방상의 내력이 ≪고려사≫에 보이는데, "고려에서는 섣달 그믐 전날 밤 구나의식에 사영되었다. 구나 규제에 다르면 악공 22명 중 방상시 한 사람은 네 눈이 달린 황금빛 나는 탈을 쓰고 곰가죽으로 만든 검정 옷에 붉은 치마를 입고, 오른손에 창을 들고, 왼손에는 방패를 들고 역귀를 쫓아낸다"고 하여 구나(驅儺)의 역할이 있음을 말한다. ≪국조오례의≫의 <흉례> 흉의장도설에는 방상의 모습에 관한 묘사가 있는데, "방상시는 황금으로 4개의 눈을 만들고 검정 저고리에 붉은 치마를 입었으며, 곰의 가죽을 쓰고 창을 잡고 방패를 치켜들어 두려워하게 하는데, 그 역할은 광부(狂夫)가 한다."고 한다.

일반적으로 선비나 대부 이상의 장사에는 방상이 둘이라고 한다. 그러나 국상의 경우 4개의 방상이 각기 4대의 수레를 타고 발인 행렬 양 옆에서 길을 안내해서 간다고 한다.

방상시는 비수창검을 하나씩 들고 앞에서 잡귀를 물리치는 동작을 반복하면서 상여의 앞에서 나아간다. 현재 양주 보존회의 방상시는 2명이며, 방상시의 탈과 복색은

≪국조오례의≫의 그것을 약간 단순화한 형태의 것으로, 붉은색 바탕에 2개의 눈이 매섭게 그려진 탈을 쓰고, 검은색 바탕에 붉은색 소매를 댄 옷을 입는다.

방상시

탈을 머리에 인 방상시의 모습

방상시가 사용하는 삼지창
(창길이: 360mm, 총길이: 1,900mm)

방상시가 사용하는 월도
(칼길이: 360mm, 총길이: 1,900mm)

9) 복색

상여를 메는 것은 상례에 관한 일이므로, 대체로 흰 옷을 입는다. 선소리꾼을 비롯한 상두꾼 일체는 모두 흰색의 상·하 옷을 입는다. 그리고 삼베로 만든 두건과 상복(어깨띠)을 두르고, 행전을 치고, 짚신을 신는 것을 기본으로 한다. 이러한 복장은 북반주자도 동일하며, 이들은 각각의 역할에 맞는 기물을 들고 상여운구에 참여한다. 즉 선소리꾼들은 요령을 들고, 상두꾼들은 따로 드는 기물 없이 어깨에 상여의 밧다리를 멘다. 또한 북반주자는 어깨에 북을 메고 상두꾼들이 박자에 맞춰서 대열의 흐트러짐이 없이 상여가 온전하게 이동할 수 있도록 돕는다.

상두꾼들의 일반적인 성복 과정을 확인하면 다음의 사진자료들과 같다.

상두꾼 성복 1-민복

상두꾼 성복 2-행전치기

상두꾼 성복 3-어깨띠 걸치기

상두꾼 성복 4-건쓰기

일반 상두꾼들 외에 특히 공연시 복색을 갖추는 인물들을 살펴보면 상주(남상주·여상주), 조문객, 상두꾼, 선소리꾼, 방상시, 스님, 마을사람들이 있다. 상주는 상복을 입는데, 상복은 상중에 있는 상제나 복인이 입는 예복으로 옷감은 거친 마포로 만든다. 소매는 넓게 하고 가슴 왼편에는 눈물받이를 달았으며 허리에는 삼띠를 두른다. 머리에는 굴건을 쓰고 대나무로 만든 상장을 짚는다. 여자의 상복도 거친 마포로 만들었으며, 머리에는 띠만 두른다. 남상주·여상주 외에 다른 인물들의 의상을 확인하면 아래의 사진을 참고할 수 있다.

남상주의 성복(成服) 과정 1

남상주의 성복(成服) 과정 2

남상주의 성복(成服) 과정 3

남상주의 성복(成服) 과정 4

여상주   조문객   동네 아낙

2. 소리의 구성

1) 상여소리

상여소리는 선소리꾼이 부르는 소리에 맞추어서 여러 상두꾼들이 홋소리를 부르는 방식으로 부르는 매기고 받는 형식의 노래이다. 선소리꾼은 상여가 집을 떠나서 상여 운구를 시작하면서부터 상황에 따라서 여러 소리를 낸다. 선소리꾼이 요령을 울리면서 내는 소리에 맞추어서 상두꾼들은 홋소리를 받아서 부르는데, 이때 북반주자가 옆에서 북을 치면서 노래가 장단에 맞추어서 잘 불려질 수 있게 돕는다.

양주시 백석면에서 부르는 상여소리는 모두 세 가지가 있다. 긴소리(긴상여소리), 오호소리, 자진소리(자진상여소리)의 세 가지가 있다. 사설은 2음보를 중첩시킨 4음보로 되어 있으며 음보의 음절수는 4음절이 중위수가 되고, 5음절수와 6음절수가 등장하기도 한다. 선창자는 요령을 흔들면서 사설을 댄다. 긴소리는 굿거리 2장단에 한음을 길게 끄는 사설을 메기고 받는 것으로 되어 있다. 느리고 유장한 소리인 긴소리는 발인제를 올린 후에 상여를 운구하기 시작하면서 부른다.

상여소리의 사설은 상여를 들고 발을 맞추는 기본적인 동작의 지시기능을 말하는 대목 이외에도 삶의 허무함과 죽음의 슬픔을 노래하는 대목이 많다. 그래서 사설은 유기적 구성을 갖추고 있으면서 특히 자연물과의 비유를 통해서 한 번 가면 다시 못 오는 죽음의 길을 노래하고 있는 것이 대부분이다. 상여소리의 사설에서 양주지역의 독자성을 찾는 것은 쉽지 않을 것으로 추단되며, 특별한 사설이라고 해도 개인 가창자의 개인적 변이 이외의 요소를 찾을 수 없는 것으로 예견된다. 온전한 상여소리의 사설은 선창자의 관점에서 바라보는 사설과 죽은 망자의 입장에서 바라보는 사설이 혼재되어 있어서 다자간의 사설이 입체적으로 구현되는 특징이 있다.[9] 죽은 망자가 직접 말할 수 없기에 가탁된 처지에서 사설을 전개하고 있는 특징이 있다. 아무튼 상투적 사설인 것처럼 보이지만 사설의 저변에 죽음에 대한 양주지역 사람의 미의식이 생생하게 드러난다고 하겠다.

요령

북

상여소리-긴소리

선소리: 김진명, 황정섭
채보: 정서은
백석면 고능말

---

9) 김환익 제보, 상여소리, 『양주군지』 상권, 양주문화원, 1992, 866~867면.

상여를 운구할 때는 대체로 긴소리와 자진소리를 번갈아 가면서 사용한다. 상여를 처음 들고 이동하는 시점에는 대체로 긴소리를 주로 사용하며, 길을 빨리 가야 할 때는 자진소리를 불러 상두꾼들의 발걸음을 재촉한다. 이러한 상황들과 달리 특별히 어려운 길을 지나거나, 다리를 건널 때, 산을 올라갈 때는 특별히 오호소리를 부르게 된다. 오호소리는 굿거리 1장단으로 후렴이 대체로 진행상소리보다 축약되면서 한 음절이 3소박으로 되는 것이고, 4×3의 12박자로 '오-- / 호-- / 어-- /헤--' 식의 후렴구가 붙는다. 이 소리는 광적면에서는 중간소리로 부르기도 한다. 오호소리의 사설은 2음보로 바뀐다. 상여소리 중 가장 빠른 자진소리는 '허- / 허-' 식으로 4박자로 바뀐다.

상여소리-자진소리

선소리: 김진명, 황정섭
채보: 정서은
백석면 고능말

상여소리-오호소리

선소리: 김진명, 황정섭
채보: 정서은
백석면 고능말

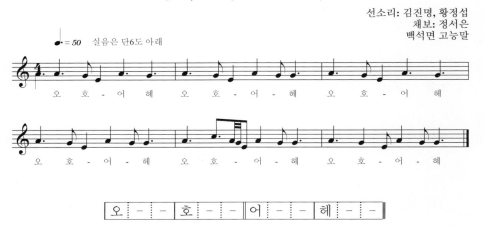

2) 회다지

상여가 묘터에 이르면 더 이상 상여소리는 불려지지 않는다. 상여에 모셔진 관을 하관하여, 광중에 관을 모신 후 제를 올리고 헌토를 한 후에 성묘(成墓)를 할 흙에 회를 섞어서 봉분을 만들어간다. 이 때 일정한 두께의 흙이 덮어지면 땅을 단단하게 하게 위해서 회다지를 하게 되는데, 달구로 땅을 다지면서 회다지소리를 부른다. 회다지소리는 회를 섞은 땅을 다지면서 부르는 소리라는 뜻에서 불려진 것이다. 사람이 죽어 하관을 마치고 관 주변에 흙을 넣고 다질 때 부르는 노래로, 집터를 닦거나 말박기를 할 때도 부른다.

회다지 하는 모습

회다지소리는 사람이 죽어 마지막 작별의 순간에 하는 노래이므로 초로인생의 허무함과 영이별의 쓰라림을 애절하게 노래한다. 상여를 메고 가는 상여소리와 비슷하나, 명당에 묘를 썼으니 망인도 마음 놓고, 또한 자손들도 복을 받을 것이라는 사설이 다르다.

회다지소리의 긴소리인 긴달고소리는 먼저 불규칙장단인 '군방임네~'를 부르면서 시작해서, 점차로 규칙적인 장단에 맞추어 소리를 한다. 회다지를 하는 사람들은 긴달굿대를 짚고 선소리꾼이 부른 회다지소리에 맞춰서 발을 맞추는 과정이 일정하게 실현되는 것이 이 소리의 특징이다.

긴달고소리의 사설은 일정하지 않아서 인용한 예문처럼 늙음에 대한 탄식이 있는 경우도 있고, 달리 죽음에 대한 한탄도 있고, 회심곡 사설도 있기도 하고, 경우에 따라서 풍수지리에 입각한 천지조판과 명산명기타령이 주어지기도 한다. 이 가운데서도 빠지지 않는 전국적인 공식구는 '멘 데 사람 듣기 좋고 / 가까운데(곁에) 사람 보기도 좋게'이다. 아마도 달구 닫는 동작이 주는 시각적 청각적 아름다움이 이렇게 재현되는 것이라 생각되며, 어떠한 소리이든 동작이 일치되는 소리에서 이러한 현상은 공통적으로 발견된다. 동작의 형세와 소리의 기저가 함께 작용하는 소리의 공통점을 지적하는 것이면서 멀리 있을 때에는 소리만 들리고, 가까이 있을 때에는 소리와 동작이 함께 보이기 때문에 이러한 사설이 성립된다고 판단된다.

회다지소리-긴소리

선소리: 최장환
채보: 정서은
고능말

회다지소리-자진소리

선소리: 최장환
채보: 정서은
　　　고능말

에 - 헤야 - 라 달 - 고　에 - 헤여 - 라 달 - 고

어화 - 역군에 내동 - 간 - 들 에 - - 여 - 라 달 - 고

| 에 | - | 헤 | 여 | - | 라 | 달 | - | - | 고 | - | - |

　　회다지소리의 자진소리는 긴소리와 짝이 되는 소리로 곡이 경쾌해지면서 동작에서 커다랗게 차이가 나는 소리이다. 긴달고소리의 경우처럼 사설과 동작이 어긋나는 대목이 없으며, 3소박 4박자의 규칙적인 장단으로 노래를 부르면서 규칙인 동작을 반복하게 된다. 동작이 단조롭고 규칙적이며 역동적으로 바뀌는 대신에 사설이 유기적으로 전개되며, 가장 특징적인 현상 가운데 하나는 서사민요가 개입하게 된다.

　　회다지소리에는 그 외에도 꽃방아타령·어러러소리·상사소리·새 날리는 소리 등이 사용된다.

　　회다지소리를 하는 회대꾼들의 복색은 상두꾼들의 복색

회대꾼의 모습

과 같다. 즉 흰색으로 된 상하의에 어깨띠를 두르고, 여기에 달굿대를 들고 회다지를 한다.

3. 연행순서

상여소리와 회다지소리는 일종의 노동요이므로 노동과정 연속선상에서 연행순서를 설명할 수 있다. 즉, 상여소리는 장례의 일환이며, 장례 중 고인을 집에서 묘터가 마련된 장소까지 이동하면서 이동의 편의를 목적으로 부르는 소리이다. 회다지소리는 묘터에 도착한 고인을 광중으로 모셔서 봉분을 만드는 과정에서 불려지는 소리이다.

따라서 상여소리와 회다지소리의 연행은 상여운구와 회다지의 과정 속에서 확인해 볼 수 있겠다.

1) 상여운구

상여의 운구는 고인의 집에서 묘터가 마련된 장지까지 이동하는 것을 말한다. 상여는 집 안에서 밖으로, 마을 안에서 마을 밖으로 이동하여 장지로 이동한다.

상여가 집을 떠나기 전에 고인의 관이 상여에 안치되고 마지막으로 인사를 올리고 길을 떠나게 된다. 길을 가는 도중에 마을에 거주하고 있는 고인의 자녀가 사는 집이나, 자주 다니던 곳에서 노제를 올리며 마지막 인사를 나눈다. 노제를 올리는 노제상은 지인들이 미리 준비해 와서 상을 마련한다.

상여운구의 절차는 발인-상여운구-노제-다리건너기-장지도착의 순으로 정리할 수 있다. 다리건너는 것은 특별히 절차에 의한 것은 아니지만 상여운구 도중에 상여를 메고 좁은 길을 지나거나, 다리를 만났을 때의 상황을 알 수 있는 것으로 운구 절차의 하나로 정리할 수 있다. 그러한 상황에서 많은 사람들이 한꺼번에 건너기 힘들기 때문에 특별한 기지를 발휘해서 위험한 길을 지나기도 한다.

(1) 발인(發靷)

고인이 빈소가 차려진 집을 떠나서 장지(葬地)로 떠나는 것으로, 발인제(發靷祭)를 모신 후에 상여가 집을 떠난다. 집을 떠나는 준비를 하면서 긴소리로 상여소리가 시작된다. 선소리꾼과 상두꾼들이 일제히 상여를 모시고 길을 떠날 준비로 상여와 상주들은 서로 맞절을 하고 고인이 집에서 머리를 돌려 밖으로 떠나가게 된다.

이때 긴상여소리가 불려지는데, 그 가사는 망자가 살던 집을 떠나서 저승길로 가는 아쉬움, 가족들과 친구들에게 인사하는 내용 등을 담고 있다.

발인제

발인 1

발인 2: 상여가 집을 나서는 모습

(2) 상여운구

상여를 운구할 때의 행렬은 명정(銘旌)-공포(功布)-만장(輓章)-요여(腰輿)-지방(紙榜) 또는 영정(影幀)-방상시(方相氏)-아삽(亞翣)-북반주자-선소리꾼-상여(喪輿)-운삽(雲翣)-남상주·여상주와 중-백가마-마을 사람들의 순으로 출발하여 길을 나선다.

상여는 36명이 각각 좌·우에 2열 종대로 9줄을 서서 멘다.

상여가 집을 떠나면 본격적으로 상여소리가 불려지기 시작하는데, 처음에는 매우 유장하게 긴소리로 상여소리를 부르는 것이 예사이다. 그러나 점차 마을에서 멀어지고, 장지에 가까워질수록 소리는 빨라진다. 상여소리는 한 사람의 선소리꾼은 매기는 소리에 맞추어서 다수의 상두꾼들의 받는 소리로 진행된다. 선소리꾼은 요령을 흔들면서 소리를 매기면, 상두꾼들은 북반주자의 반주에 맞추어서 상여소리를 부르게 된다.

상여 운구

상여행렬 – 상주 · 중

(3) 노제(路祭)

상여로 운구할 때 묘지에 이르는 도중에 이른바 거릿제라고 하여 노제(路祭)를 지내기도 하는데, 이는 고인과 친한 친구나 친척 중에서 뜻있는 사람이 스스로 조전자(弔奠者)가 되어 제물을 준비하였다가 지내는 것이다. 운구 도중 적당한 장소에 장막, 혹은 병풍을 쳐서 제청(祭廳)을 마련하여 제물을 진설하고 상주 이하 복인들이 늘어서면 조전자(弔奠者)가 분향한 후 술잔을 올리고 꿇어앉아서 제문(祭文)을 읽으면 모두 재배(再拜)한다.

노제는 고인의 길 떠나는 아쉬움을 나누며 인사를 올리는 것이지만 한편에서는 무거운 상여를 메고 일을 하는 상여꾼들의 휴식시간이 되기도 한다. 노제를 올린 음식이나 기타의 술과 음식들을 나누면서 행렬에 참가하고 있는 사람들 모두 잠깐 쉬어가는 자리가 된다.

노제상 준비

노제 2

조문

운구 중에 지인들의 조문

또, 상여가 이동하는 도중에 미처 고인의 빈소에 찾아오지 못한 사람들이 뒤늦게 고인을 찾아뵙고 조문을 하는 경우도 있다. 노제를 올릴 때까지 기다렸다가 조문을 하는 것이 옳지만, 많이 늦은 경우 운구 중인 상여의 발걸음을 멈추고 잠시 조문을 하기도 한다.

(4) 다리건너기

상여를 운구하는 도중 다리를 만나게 되면, 평지와 달리 매우 좁은 길을 건너는 경우의 특별한 방식을 따로 보이기 위해서 다리건너는 부분을 할애한다. 이를 위해서 공연에서는 따로 외다리나무를 제작해서 다리건너는 광경을 볼 수 있게 했다.

행렬 중이던 상두꾼들은 좌우 2열 종대로 했던 대열을 좌우 1열로 바꾸어서 안쪽에서 상여를 메고 있던 사람들만 상여를 멘 채 다리를 건너게 된다. 바깥 쪽에서 상

다리건너기

여를 메고 있던 사람들은 상여의 앞과 뒤로 나뉘어서 상여가 안전하게 다리를 건널 수 있도록 도와주며, 상여가 무사히 다리를 건넌 후에 다시 제자리에 돌아간다.

적은 인원으로 위험한 길을 건너야 하기 때문에 매우 주의를 요하는 장면이라고 하겠다. 이와같이 힘든 곳을 지날 때는 특별히 오호소리를 불러서 많은 사람들이 협동심을 발휘한다.

(5) 장지도착

상여꾼들은 자진소리 또는 오호소리로 상여를 묘터가 마련된 산으로 이동한다. 장지에 도착하게 되면 이제 행렬은 멈추고 상여소리 또한 멈추고, 하관을 위해 준비한다. 상두꾼들은 상여의 보개와 판첨을 들어내고, 장강틀의 위에 있는 고인의 관을 모시고 못자리로 옮긴다.

장지 도착 후의 하관 1

하관 2

2) 회다지

장지에 도착해서 고인을 광중으로 모시기 위해서는 먼저 행상을 분리해서 결관바를 풀러 고인을 광중의 앞에 횡대 위에 모신다. 퇴관을 하고, 광중에 창호지를 깔아서 고인을 모시고 횡대를 덮어 예단을 드리면, 큰상주부터 순서대로 헌토를 시작한다. 헌토 이후 흙에 회를 섞어서 광중을 메워나가고, 일정부분 흙이 메워지면 빈자리를 채우고 단단히 하기 위해서 회다지를 하게 된다.

이때 상두꾼들 중의 일부는 달고대를 들고 선소리꾼의 소리에 맞춰서 너울너울 춤을 추듯 팔다리를 움직여가면서 회다지소리를 한다. 회다지소리는 선소리꾼이 먼저 긴소리로 굵고 길게 뽑아내면 나머지 회다지꾼들이 소리를 받아가면서 불러나간다.

광중에 고인 모시기

흙을 올려 성분하기

회다지 1

회다지 2

회다지 3

Ⅲ. 상여와 회다지소리의 전수교육자료

1. 상여운구 준비

장례 의물로 사용하는 상여와 관련되는 의물 일체는 평상시에는 보관하는 장소에 따로 두었다가, 상(喪)이 났을 때 꺼내서 사용하게 된다. 이대 상여 등의 물품 중에서 큰 의물은 분리해서 보관하기 때문에 실제로 사용하기 전에 먼저 이들의 조각을 모두 하나로 맞추는 일이 선행되어야 한다. 따라서 상여운구를 위한 조합과정을 먼저 살펴보겠다.

상여를 사용하기 위해서는 먼저 해체된 상여의 각 부분들을 상여의 형태로 완성하는 작업이 필요하다. 상여를 크게 장강·난간·판첨·보개(별갑)·앙장으로 나눌 수 있다. 이 다섯 구조물의 세부를 각각 조합한 다음 다시 결합해서 온전한 상여의 모습으로 완성된다.

상여 조합 과정

① 장강틀 준비 　 ② 상여 맞추기 　 ③ 상여틀 맞추기 　 ④ 장강틀에 상여 얹기
⑤ 밧다리 묶기 　 ⑥ 앙장대 세우기 　 ⑦ 앞·뒤 용 세우기

① 장강틀 준비
상여의 몸체를 받치는 부분으로, 관을 올리고 상여틀을 올려서 먼 길을 이동하기까

지 버팀목이 되어주는 중요한 부분이다. 장강틀은 상여의 앞뒤를 길게 받치는 2개의 장강(長杠) 또는 대체(大體)와 장강의 앞과 뒤를 연결하는 단강(短杠)으로 이루어져 있다. 그리고 그 위에 관을 모시기 위한 하장을 얹는다.(장강: 6,800mm, 단강: 3,700mm)

장강틀 조립 1

장강틀 조립 2

조릿대로 장강틀 세우기

조릿대로 장강틀을 일으켜 세운 모습

　　장강과 장강의 사이는 약 360mm 정도만 띄워두고 단강에 연결한다. 장장틀 위에 고인의 관을 올리는 하장을 올리는데, 이는 상황에 따라서 여부를 판단해서 처리한다. 길게 Ⅱ자 모양으로 장강과 단강을 연결하면, 조릿대를 이용해서 상여를 일으켜 세운다. 조릿대를 연춧대 또는 연춧대라고 불리는데, 상두꾼들이 실제로 상여를 메기 위해 밧다리를 거는 부분이다. 특별히 고정된 위치가 정해진 것은 아니며, 보존회에서 사용하는 2단짜리 큰상여에는 총 8개를 사용한다. 이 조릿대와 단강과 함께 상두꾼들이 상여를 운구할 때 어깨에 메는 밧다리를 건다. 상두꾼들은 8개의 조릿대와 장강틀의 단강 2개 사이에서 밧다리를 어깨에 걸고 상여를 메는 것이다.

② 상여 맞추기

상여의 난간과 판첨·보개 부분을 각각 조립해서 하나의 상여틀로 완성한다. 난간은 판첨과 분리되어서, 판첨의 외각을 장식하기 위한 것이다. 외형적으로 판첨의 구조에 얹어져서 판첨과 한 몸을 이루고 있는 것으로 보이지만, 실제로는 분리되어 있다. 아래의 판첨부분을 통해서 확인하면 가장 하단에 단청무늬의 격자를 확인할 수 있다. 이 부분은 판첨의 다리 위에 얹어서 이동한다.

판첨과 난간

판첨(높이: 1,000mm, 좌우 폭: 1,000mm, 전후 폭: 2,600mm)은 수실과 휘장 장식이 있는 보장(寶帳) 부분과 여러 가지 장식물을 얹을 수 있는 운각(雲閣) 부분으로 나눌 수 있다.

아래의 보장(寶帳) 부분은 원래 장강의 하장에 올려진 관을 둘러싼 판부분이 치장된 것이다. 상여에 올린 관의 이동시에 고인의 관이 밖으로 보이지 않도록 판을 둘러치는데, 이 판에 낙영유사라고 하여 아름다운 수술을 드리우고, 띠로 장식된 휘장이 사방으로 둘러친다. 특히 판첨의 보장에 늘이는 휘장에는 수술과 아름다운 색천과 함께 십대왕이 그려진 부전이 주변에 둘러쳐 있다. 열시왕은 원래 ≪시왕경(十王經)≫에 나오는 명계(冥界)에서 사자(死者)에 대한 죄의 경중(輕重)을 다루는 10명의 왕으로,

① 진광왕(秦廣王: 本地·不動明王), ② 초강왕(初江王: 釋迦佛), ③ 송제왕(宋帝王: 文殊菩薩), ④ 오관왕(五官王: 普賢菩薩), ⑤ 염마왕(閻魔王: 地藏菩薩), ⑥ 변성왕(變成王: 彌勒菩薩), ⑦ 태산왕(泰山王: 藥師如來), ⑧ 평등왕(平等王: 觀世音菩薩), ⑨ 도시왕(都市王: 大勢至菩薩), ⑩ 전륜왕(轉輪王: 阿彌陀佛)을 말한다. 십대왕은 판첨의 좌우에 4분씩 앞뒤에 2분으로 배치되어 있다.

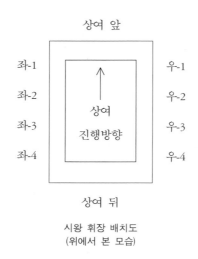

시왕 휘장 배치도
(위에서 본 모습)

| 십대왕 (상여 앞) | 십대왕 (상여 뒤) | 십대왕 (좌측-1) | 십대왕 (좌측-2) | 십대왕 (좌측-3) |

| 십대왕
(좌측-4) | 십대왕
(우측-1) | 십대왕
(우측-2) | 십대왕
(우측-3) | 십대왕
(우측-4) |

판첨은 고인의 관을 덮는 부분이므로 이동시나 상여가 절을 할 때 흔들리지 않도록 판첨의 아랫부분은 장강틀에 끈으로 단단히 고정시킨다.

판첨의 운각(雲閣) 부분에는 용무늬가 그려져 있어서 용의 머리가 향하는 부분을 상여의 앞으로 인지할 수 있다. 절이나 궁중의 대들보에 그려진 용문양의 단청과 유사한 형태를 이루고 있으며, 매우 아름다운 색채로 치장되어 있다. 이 운각의 상부에는 피리를 부는 신선이 그려진 꽃이가 상여의 앞에 꾸며지며, 연밥과 연꽃이 그려진 연밥꽃이가 상여의 뒤에 꽂아진다. 신선이 피리를 불고 있는 것은 저승가는 길을 열어주는 것을 의미하며, 연밥과 꽃이 뒤따르는 것은 연화대로 잘 가시라는 뜻을 의미한다.

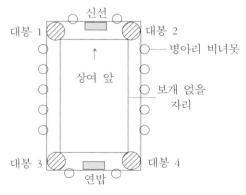

판첨 운각부분의 장식(위에서 본 모습)

피리 부는 신선꽂이
(가로 330mm×세로 520mm)

피리 부는 신선꽂이가 판첨에 올려진 모습 (판첨의 앞)

연밥꽂이(판첨의 뒤)
(가로 330mm×세로 520mm)

판첨 운각의 네 귀에 장식
하는 대봉

날개를 편 모습의 봉황

또한 이 운각의 네 귀에는 아름다운 매듭장식인 유소(流蘇, 길이 1,420mm)와 청홍의 사롱(紗籠)을 물린 대봉(大鳳, 가로 600mm×세로 480mm)을 꽂는다. 그 주위는 별갑과의 연결할 때 둘을 고정시키기 위한 병아리 비녀못 14개가 둘러져 있다.

보개(보개의 총 높이: 1,370mm, 뚜껑의 높이: 660mm, 뚜껑 전후 폭: 1,500mm, 뚜껑 좌우 폭: 660mm, 운각 높이: 480mm, 운각 전후 폭: 1,970mm, 운각 좌우 폭: 1,000mm, 보장 높이: 510mm, 보장 좌우 폭: 770mm)는 판첨 위에 올라가는 것으로 판을 아름다운 수실과 휘장으로 덮은 보장부분과 운각, 그리고 그 위에 얹어진 뚜껑부분으로 나눌 수 있다.

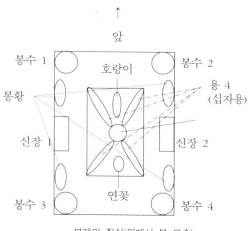

봉수 1　봉수 2
호랑이
봉황　용 4 (십자용)
신장 1　신장 2
봉수 3　봉수 4
앞
연꽃

보개의 장식(위에서 본 모습)

　보개의 보장 부분 역시 판첨의 보장부분과 유사하게 낙영유사와 아름다운 색천의 부전이 휘장과 함께 둘러쳐져 있다. 판첨의 부전에 시왕이 그려진 것과 달리 보개의 부전에는 꿩 또는 공작새 등의 새를 그려서, 고인이 저승길로 잘 가시도록 길을 안내하도록 한다. 보장의 아랫 부분을 판첨의 위에 얹어서 판첨의 병아리 비녀못으로 연결할 수 있도록 맞추는 구멍이 뚫려 있다.

보개의 보장 중 옆면의 새 부전

단청으로 장식된 운각 부분에 뚜껑과 보장을 연결하는 수술물린 병아리 비녀못이 좌우에 4개씩(가로 340mm×세로 130mm, 수술길이 490mm), 앞뒤 2개씩 꽂혀 있으며, 그 위에 좌우 신장꽂이(가로 300mm×세로 520mm), 좌우 봉황꽂이 2개씩(가로 240mm×세로 410mm), 네 귀에 유소를 물린 봉수(鳳首) 4를 꽂는다. 이것들은 보개의 뚜껑부분과 어울려서 매우 화려한 장식을 보여준다.

봉황꽂이

봉황꽂이 1, 2-뚜껑의 양 옆에 2마리씩 꽂는다.

신장꽂이

신장 꽂이 1, 2-뚜껑의 양 옆에 꽂는다.

병아리 비녀못 1

신장 꽂이 1, 2-뚜껑의 양 옆에 꽂는다.

보개의 가장 윗부분에는 연봉과 연잎이 올라가며, 네 귀에서 연봉을 향한 네 마리의 십자 모양으로 황룡과 청룡이 올라간다. 그리고 호랑이와 연꽃꽂이가 뚜껑의 앞뒤로 얹어지는데, 호랑이는 전진 방향을 향하며, 뒤에는 연꽃꽂이가 올라간다.

보개의 연봉과 연잎

네 귀에 얹는 용

호랑이

연꽃꽂이

지금까지 나열한 여러 장식물들이 뚜껑 위에 올라가고, 휘장 등으로 치장된 보장의 모습은 아래의 사진과 같다.

모든 장식이 갖추어진 보개

③ 상여틀 맞추기

이처럼 각각 완성된 난간·판첨·보개의 각 부분을 하나의 상여틀로 완성한다. 이 때 각각의 부분을 연결하는 병아리 비녀못 등을 사용해서 이동시 흔들리거나 떨어지지 않도록 서로 잘 연결한다. 상여틀을 모두 완성하면 장강틀로 옮길 준비가 마쳐진다.

상여틀 맞추기 1

상여틀 맞추기 2

④ 장강틀에 상여 얹기

이상에서 조립된 상여는 장강틀 위에 얹어서 이동한다. 먼저 조합된 상여틀을 장강틀 위로 올리는 과정이 필요하다. 장강틀 위의 관이 모셔질 부분에 자리를 잘 맞춰서 판첨의 다리부분과 장강을 천으로 단단히 연결해야 한다. 장강틀에 얹을 때 연결이 흩어지면 상여뿐만 아니라 고인의 관에도 손상을 입을 수 있으므로 필히 조심해서 단단하게 매는 것이 중요하다.

장강틀에 상여 얹기 1
(장강틀 길이: 가로 3,700mm×세로 6,800mm)

장강틀에 상여 얹기 2

장강틀에 상여 얹기 3

장강틀에 상여 얹기 4

⑤ 밧다리 묶기

상여가 장강틀 위에 얹어지면, 먼저 장강틀의 앞뒤 단강을 연결해서 밧다리를 묶는다. 밧다리는 상두꾼들이 상여를 멜 때 어깨에 걸치는 것으로 또는 밧다위라도 불린다. 밧다리는 양쪽에 각각 4줄씩 늘이는데, 양쪽에 두 줄로 늘어선 상두꾼들이 2줄씩 어깨에 메게 된다. 밧다리는 예전에는 칡넝쿨이나 싸리나무껍질을 이용해서 만들었다고 한다. 널찍하게 껍질을 벗겨내서 어깨에 걸치도록 했는데, 여러 번 사용할 수 없는 단점이 있어서 사용하지 않고, 현재는 천으로 사용한다.

밧다리 묶기 1

밧다리 묶기 2

⑥ 앙장대 세우기

앙장대(앙장대: 길이 3,400mm)는 앙장(앙장: 가로 3,300mm×세로 4,980mm)을 하늘 높이 띄우기 위해서 사용하는 긴 대이다. 앙장은 또는 구름자라고 하는데, 저승 갈 때 눈이 밝도록 하기 위해 띄우는 것이다. 앙장을 거는 앙장대는 모두 4개로 장강틀에

대를 꽂을 자리를 마련해서 세우도록 한다.

  앙장대 끝에는 새를 조각했는데, 이를 찜새라고 부른다고 한다. 예로부터 기러기와 같은 새들은 천상과 지상을 연결하는 것으로 여겨서 망자의 저승길을 안내해서 극락왕생을 기원하는 의미로 올린 것으로 보인다. 찜새의 입에도 역시 술을 물려서 세운다.

  앙장대의 끝에는 또 커다랗게 만들어서 화려한 색으로 치장한 유사와 사롱을 매달아서 저승길을 밝힌다.

앙장대 끝에 앙장 매기

앙장의 네 귀에 장식하는
청사초롱과 유소

앙장대 끝의 찜새 1

앙장대 끝의 찜새 2

  4개의 앙장대에 각각 앙장의 네 귀와 유사·사롱을 달아서 상여의 앞뒤쪽 장강틀에 V자 모양 세운다. 앙장대를 세우면 앙장이 상여의 위로 올라가서 너울거리면서 하늘처럼 휘날리게 된다.

앙장대 세우기 1

앙장대 세우기 2

앙장대 세우기 3

앙장을 씌운 상여틀

⑦ 앞·뒤 트레용 세우기

세워진 앙장대의 아랫 부분에 황룡·청룡의 트레용을 꽂는다.(가로 1,800mm×세로 1,200mm) 이 용의 틀은 용을 앞을 세워서 길을 가는 것을 뜻하는데, 역시 극락왕생의 기원과 나쁜 것을 물리치고자 하는 의미에서 사용되는 것으로 보인다.

이 트레용은 상여의 앞과 뒤에 모두 세우는데, 특별히 앞·뒤용의 생김새나 형태의 차이는 없다. 이 용의 틀은 머리부분과 몸체부분으로 나뉘어 있어서 앙장대에 묶어서 세울 때 둘을 먼저 조립한 후에 앙장대에 묶어서 흔들리지 않도록 한다. 세워진 트레용에는 유사와 사롱을 걸어서 용으로 하여금 앞·뒤 저승길을 밝히도록 한다.

상여 앞·뒤의 장강틀에 꽂는 용   용머리 부분   몸통 부분

용 세우기   세워진 용

앞의 상여를 조합하는 7단계를 모두 거쳐서 완성된 모습은 아래의 사진과 같다.

조합을 완성한 상여틀 1

조합을 완성한 상여틀 2

장강틀·난간·판첨·보개·앙장을 모두 조합한 모습

2. 상여운구

전통적인 양주지역의 풍속에서 그 마을에 상이 나면 모든 일체의 절차를 호상(護喪)이 담당한다. 상여의 운구는 발인－상여운구－노제－다리건너기－장지도착의 순으로 정리된다.

1) 발인

출상일의 발인시가 가까워지면 고인을 모신 관을 방밖으로 내온다. 이때 관이 움직일 때 선소리꾼은 요령을 들고 들어가서 고인의 관이 움직일 때 요령을 흔들면서 함께 이동한다. 방안에 모셔져 있던 관을 들고 상두꾼들은 방의 네 귀퉁이에 절을 올리듯 관을 밀었다 당기면서 액막음소리[10]를 한다. 그리고나서 고인을 방 밖으로 모시고

나가게 되는데, 이 때 관을 운구하는 사람 중 처음 나가는 사람은 마루 밑에 놓아둔 바가지를 발로 밟아 깨면서 나쁜 액을 물린다.

고인은 방안에서 방밖으로 모시고 나와서 고인의 관을 상여의 하장 위에 올리고, 결관바를 묶어서 장강과 관을 단단히 묶는다. 그 위에 난간·판첨·보개의 상여틀을 맞추어 씌운다.

그리고 고인이 마지막으로 떠나기 전에 집안에서 올리는 마지막 제로 발인제를 준비한다. 발인제 상은 포·적·삼색과일·술 등을 준비하고, 상주들과 일가친척들이 절을 올리고 마지막 인사를 올린다.

상여와 상주들의 맞절

---

10) 액막음 소리를 하는 전통은 전국적으로 거의 동일하게 발견되지만, 현재 양주 백석면 일대에서는 액막음소리에 대한 구체적인 소리의 실상은 전해지지 않고 소리의 존재가 있었음을 기억으로만 환기할 수 있을 뿐이다.

상주들과 절을 마치고 상여 운구를 준비하고 있다.

2) 상여운구

발인제를 마치면 상두꾼들은 약간의 음복을 한 후에 선소리꾼의 요령 소리에 맞춰서 일제히 상여를 멘다. 상두꾼들은 상주들과 세 번 서로 맞절을 올리는 하직 인사를 하고 상여머리를 돌려서 집을 나선다.

보존회에서 보관하고 있는 2단짜리 큰상여의 경우 한 줄에 4명씩(상여 좌우편에 2명씩) 9줄을 서서 이동한다. 즉 모두 36명이 상여를 멘다. 상여의 무게가 많이 나가기 때문에 상두꾼의 키를 잘 맞추어서 정렬해야 한다. 키가 작은 사람들이 대체로 앞 열에 서고, 큰 사람은 뒤로 가도록해서 앞뒤, 옆을 잘 살펴서 서로 균형을 맞춘다.

상여와 상주들이 맞절을 할 경우 특히 상두꾼들의 주의를 요한다. 상여가 앞으로 기울어지므로 무게 중심에 이상이 생길 수 있으므로, 특히 맨 앞의 상두꾼들은 한쪽 무릎을 꿇어서 안정된 자세를 만들고, 뒤의 사람들은 허리만 숙여서 상여의 중심을 유지해야 한다.

상여를 운구하는 행렬은 명정(銘旌)－공포(公布)－만장(輓章)－요여(腰輿)－지방(紙榜) 또는 영정(影幀)－방상시(方相氏)－아삽(亞翣)－북반주자－선소리꾼－상여(喪輿)－운삽(雲翣)－남상주·여상주와 중－백가마－마을 사람들의 순으로 이어진다.

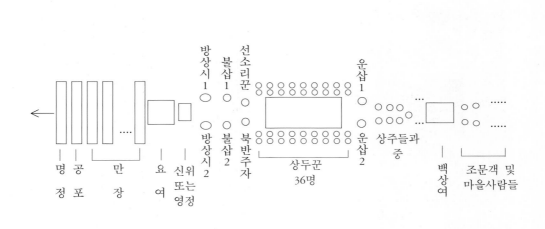

방상시 1 ○   불삽 1 ○   선소리꾼 ○   운삽 1 ○
○ 방상시 2   ○ 불삽 2   ○ 북반주자   ○ 운삽 2

명정   공포   만장   요여   신위 또는 영정   방상시   불삽   선소리꾼 북반주자   상두꾼 36명   운삽   상주들과 중   백상여   조문객 및 마을사람들

상여 행렬

방상시 2인의 모습

요여 운구

상여 위에 올라가서 선소리를 하는 선소리꾼

상여는 고인이 살던 집을 떠나서 묘터가 마련된 장지(葬地)까지 이동하게 되는데, 이동시 특히 동네를 지키는 능선을 피하고, 굴뚝을 피하며, 마을의 우물은 덮어 두어 부정한 것을 막는다. 또한 미리 준비해둔 사자밥과 짚신 세 켤레와 동전 등을 개울에 버리고 간다.

사자밥 · 신

<그림 150> 백가마　　　　　　　　　　　　　백가마의 측면

　　이때부터 상여소리를 하기 시작하는데 가장 먼저 긴소리를 내면서 가는 길의 아쉬움을 표현한다.

　　상여를 운구할 때 선소리꾼이 상여 위에 올라가는 경우도 있으나 이것은 특별한 경우에만 해당한다. 상두꾼들이 상여를 들고 이동하는 것만으로도 크게 부담스러운 일이기 때문에, 장시간을 상여 위에 선소리꾼이 올라타서 이동하는 일을 거의 없다고 한다. 호상시에 상주들을 놀려주기 위해서 상주나 선소리꾼이 상여 위에 올라가서 장난을 하는 경우처럼 짧은 시간 동안만 위에 올라간다고 한다.

　　또 간간이 상두꾼들이 길을 가기 힘들다고 하면, 상주들이나 일가친척들이 나와서 노자돈을 걸어주면서 상두꾼들의 길을 재촉하기도 한다.

상여에 노자돈을 걸고 있는 여상주의 모습

상여의 운구는 선소리꾼이 부르는 상여소리와 요령소리, 북반주자가 맞춰주는 북소리에 맞춰서 발을 맞추면서 진행된다. 선소리꾼은 긴소리·자진소리·오호소리를 섞어가면서 상황에 맞게 상여소리를 부른다.

긴소리를 굿거리를 느리게 하여 2장단에 한음을 길게 끌어서 사설을 메기고 받는다. 상여소리의 가사는 특별히 사용되는 구절이 정해져 있지 않고, 삶의 허무함과 죽음의 슬픔을 노래하는 대목이 많다. 사설에서 유기적 구성을 갖추고 자연물과의 비유를 통해서 한 번 가면 다시 못 오는 죽음의 길을 노래하고 있는 것이 대부분이다. 상여소리의 사설은 선창자의 관점에서 바라보는 사설과 죽은 망자의 입장에서 바라보는 사설이 혼재되어 있다.

자진소리는 단순한 2소박 2박 장단을 반복하면서, '오호 어헤' 소리로 상두꾼들이 반복해서 받으면서 길을 재촉한다. 빨리가는 길에서 부르는 소리이므로 장단이나 사설이 복잡한 소리를 부를 수 없다. 원래는 자진소리에도 사설을 붙이는 것이 원칙이지만 길을 바쁘게 재촉할 경우에는 메기는 사설을 따로 두지 않고, '오호 어헤'로 주고 받는 소리를 대신하기도 한다.

오호소리는 굿거리장단과 같은 장단으로 특별히 힘들거나 어려운 길을 갈 때 사용하는 소리이다. 이 소리에도 특별한 사설이 따로 있지 않으며, 그 상황에 맞는 사설을 선소리꾼이 메기면 상두꾼들은 '오-- 호-- 어-- 헤--'의 받는 소리를 한다.

3) 노제

상여소리를 부르면서 상여를 운구해 가다가 묘지에 이르는 도중에 노제(路祭)를 지낸다. 고인과 친한 친구나 친척 중에서 뜻있는 사람이 스스로 제물을 준비하였다가 지내는 것으로, 제청(祭廳)을 마련하여 제물을 진설하고 노제를 지낸다.

상두꾼들이 메고 가던 상여는 일제히 선소리꾼의 요령소리에 맞춰서 상여를 내리고, 조릿대로 균형을 맞추어서 상여를 안정되게 내려놓는다. 상여의 좌측에 노제상을 차리고, 상주 이하 복인들이 늘어서면 조전자(弔奠者)가 분향한 후 술잔을 올리고 꿇어 앉아서 제문(祭文)을 읽고 재배(再拜)한다.

노제 준비

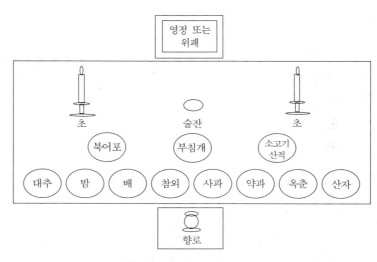

노제시의 상차림

노제

노제시 상주들의 절

노제를 올리고 음복을 하면서 상두꾼을 비롯한 조문객들과 마을 주민들뿐만 아니라 상주들까지 발을 쉬어가는 자리가 벌어지기도 한다.

잠시 동안의 휴식을 마치면 다시 상여를 운구하기 위해서, 상두꾼들은 선소리꾼의 요령소리에 맞춰서 상여를 멘다. 상두꾼들이 상여의 중심을 맞추기 위해서 세워두었던 조릿대를 들어서 상여를 조금씩 장강과 밧다리에 걸어서 다시 정위치로 자리를 잡는다. 이때 역시 상여가 흔들리거나 넘어지지 않도록 매우 조심해서 움직여야 한다.

노제 후 상여메기 1

노제 후 상여메기 2

노제 후에는 대체로 다시 긴소리를 부르면서 길을 출발한다. 그러나 집에서 어느 정도 멀어진 후에는 점차로 소리가 잦아지면서 자진소리를 부르는 것이 일반적이다.

이와같이 상여를 운구하다가, 뒤늦게 망자의 소식을 접한 조문객이 오면 길거리에서 조문을 받게 된다. 조문객은 상여에 노자돈을 걸고 망자와의 마지막 인사로 상여와 맞절을 한다. 맞절을 할 때 상여꾼들은 상여가 흔들리지 않도록 앞뒤의 사람들끼리 조화를 이루어서 중심을 맞춘다.

상여에 노자를 걸고 있는 조문객들

상여와 조문객의 맞절

4) 다리건너기

상여가 평지의 넓은 길만 지나가는 것이 아니라, 산으로 오르기 위해서는 개울길이나 다리를 건너가야만 한다. 이때 36명이나 되는 대규모의 인원들이 큰 상여를 이끌고 다리 위를 평이하게 지나기가 어려워서 특별히 기지를 발휘해서 길을 통과하게 된다. 이러한 과정을 보여주는 것이 다리건너기의 절차이다.

다리 건너는 것은 실제 상황에서 그리 흔한 일이 아니며, 예전의 외나무다리가 흔하던 시절의 상황을 재현한 것이라고 하겠다. 외나무다리 건너는 것을 재현하기 위해서 먼저 인공의 외나무다리를 만들어야 한다. 보존회에서는 공연용으로 외나무다리를 만들어서 사용하고 있다.

외나무다리는 올라가는 부분-외나무 3개-내려가는 부분을 연결해서 만든다. 올라가는 부분과 내려가는 부분에는 각각 ×자 모양의 작은 받침대를 3개씩 놓고, 외나무 3개의 밑에는 첫 번째 나무와 두 번째 사이에 ×자의 큰 받침대를 하나를 놓고, 두 번째 나무와 세 번째 나무 사이에 큰 받침대 하나를 놓아서 튼튼하게 유지되도록 만든다.

외나무다리 조립 1

외나무다리 조립 2

외나무다리 조립 3

외나무다리 조립 4

외나무다리 조립 6

외나무다리 조립 5

완성된 외나무다리의 골격은 아래의 그림과 같이 만들어진다.

외나무다리

이렇게 만들어진 외나무다리를 놓고, 그 위를 상여를 메고 지나가는 것이다. 상여를 메고 있던 36명 전원이 다리를 함께 지나갈 수 없기 때문에, 다리를 건널 때는 4열의 상두꾼행렬 중에 바깥쪽의 2열의 상두꾼들이 밖으로 나간다. 그리고 안쪽의 2열의 상두꾼들이 상여를 지탱해서 외나무다리를 건너게 되므로 매우 힘든 코스가 된다. 밖으로 나온 상두꾼들은 상여의 앞과 뒤에서 상여가 기울거나 흔들리지 않도록 도와서 함께 다리를 무사히 건너도록 한다. 이때 선소리꾼은 오호소리를 우렁차게 불러서 상두꾼들이 일제히 힘을 내서 다리를 건너도록 한다.

다리건너기 　　　　　　　　　　　　　　　　　다리건너기

무사히 다리를 건너면 바깥쪽의 상두꾼들은 다시 제자리로 복귀해서 다시 상여를 함께 메고 간다.

5) 장지도착

상여꾼들은 자진소리 또는 오호소리로 상여가 장지에 도착하게 되면 이제 행렬은 멈추고 상여소리 또한 멈추고, 하관을 위해 준비한다. 상두꾼들은 상여의 보개와 판첨을 들어내고, 장강틀의 위에 있는 고인의 관을 묶었던 결관바를 푼다.

고인의 관을 광중이 있는 곳으로 모시고 가면 상두꾼들의 상여운구는 일단락된다.

상두꾼의 일부는 이후의 과정인 회다지를 위해서 준비하고, 일부는 옮겨온 상여를 다시 보관하고 있던 장소로 옮기기 위해서 분리하는 작업을 한쪽에서 진행한다.

하관 1 　　　　　　　　　　　　　　　　　하관 2

3. 회다지

　상여가 장지에 도착해서 행상을 분리한 다음 고인을 광중으로 모시기 위한 절차가 진행된다. 고인을 모시는 것은 관을 광중의 앞에 횡대 위에 올려놓으면서 시작된다. 광중은 관이 있는 경우와 없는 경우 다르게 파는데, 관이 있는 경우는 관의 크기에 맞도록 파고, 그렇지 않은 경우에는 수의를 입은 사람이 들어갈 수 있을 만큼의 틀만 파서 자리를 잡아 놓는다.

　횡대 위에 시신을 모시고 나서 퇴관을 하고, 광중에 창호지 깔고 고인을 모신다. 고인의 위를 다시 창호지를 덮고, 횡대 7개를 덮는다. 횡대는 7개를 한 번에 모두 덮지 않고, 한 번에 일단 모두 다 덮은 다음 다시 세 번째의 횡대를 열어서 상주에 준다. 상주가 횡대를 받아들고 청실·홍실의 예단을 횡대에 얹어서 광중의 사람에게 건넨다. 이 예단을 망자의 가슴에 얹어서 예단을 전하고 세 번째 횡대를 마저 덮는다. 이후 명정을 덮고 헌토를 하게 되는데, 헌토는 맏상주부터 가족의 순서대로 삽으로 흙을 상·중·하로 3번씩 뿌린다. 헌토를 하는 흙은 잡벌레나 동물 또는 나무뿌리의 근접을 금하기 위해서 회와 흙을 섞은 것으로 한다.

하관 1

하관 2

하관 3

| 하관 4: 명정덮기 | 하관 5: 명정이 덮인 관 | 헌토 |

　광중에 흙이 어느 정도 차게 되면 회다지를 해서 땅이 단단히 굳어지도록 만든다. 회다지는 1회에 끝나는 것이 아니며, 성분(成墳)이 마칠 때까지 3~5회 등 홀수로 하게 되어 있다. 회다지를 할 때는 회다지소리를 하는데, 회다지소리는 긴소리－자진소리－꽃방아소리－어러러소리－상사소리－새 날리는 소리를 한 번의 틀로 부른다. 따라서 회다지를 다섯 번 할 경우에는 회다지소리 한 틀을 모두 다섯 번 반복해서 부르게 된다.

　회다지소리 긴소리는 매우 느리고 유장하게 시작한다. 양주일대의 회다지소리와 농사소리에서 선소리꾼이 소리를 처음 내는 긴소리에서 '곰방네~' 또는 '군방님네~' 하고 세 번 부르는 공싯구가 공통적으로 발견된다. 긴소리의 시작은 일반적인 메기고 받는 소리의 형식이 아니라 묻고 답하는 형식으로 시작하는 특징이 있다.

　선소리꾼이 세 번 반복해서 부르면 나머지 회다지꾼들이 '예~' 소리로 대답하고, 이에 다시 선소리꾼은 '옛 법 버리지 말고 새 법 내지 말고, 옛날 노인 하시던 회다지 한 번 하여보세'를 부르면 다시 회다지꾼들이 '예~' 소리로 대답한다. 이때는 매우 불규칙한 장단에 소리를 얹어서 부른다. 이때는 특별한 박자를 확인하기 어렵고, 앞에 내는 말을 마치고 선소리꾼이 받는 소리를 한 번 불러주면서 점차로 16박~20박의의 규칙적인 장단에 얹어서 소리를 부르기 시작한다. 소리를 받는 회다지꾼들은 처음의 불규칙한 장단을 벗어나면 "예~~ 예~헤에~이 오~호라~ 달~고" 소리로 받으면서 부터는 16박 장단에 규칙적으로 반복해서 받는다.

긴소리에서 달곳대를 누르고 서
있는 회다지꾼의 모습

긴소리를 받고 있는 회다지꾼들

특히 긴 소리에서 발맞추는 방식이 소리와 일정한 관련이 있는가의 여부는 긴달고 소리의 경우에 핵심적인 문제가 된다. 느린 장단과 사설에 발을 어떻게 맞추는가가 문제이다. 이 문제는 현장에서 해결해야 할 것으로 보이는데, 기왕의 연구자는 '① 에 -/ ② 허이리달-/ ③ 고/ 인간 ④ 세상에 나온 사람들/'에서 달구소리의 한 동작이 완성된다고 했다.[11] 즉, ①과 ③ 부분은 오른편 사람과 등을 맞추고, ②와 ④ 부분은 왼편 사람과 등을 맞추게 된다. 그렇게 되면 옆사람들과 등도 맞추고 배도 맞추면서 원으로 둥글게 돌아가면서 달굿대를 짚게 된다. 후렴구에는 세 번 달굿대를 땅바닥에다 짚고, 선창자의 사설이 구연되는 동안에는 ④의 과정이 다소 느리고 길게 소요된다.

자진소리는 긴소리의 경우처럼 사설과 동작이 어긋나는 대목이 없어지고, '① 에하/ ② 라/ ③ 달/ ④ 고/'처럼 사설도 규칙적인 배분이 이루어져서 '① 달고/ ② 허시는/ ③ 여러/ ④ 분들/'처럼 배분된다.

①에서는 달굿대를 왼손에 쥐고, 왼발과 함께 원 안으로 달굿대를 꽂고, 이 과정에서 광중의 회와 흙을 버무린 터를 닫고, ②에서는 달굿대를 왼발에서 오른발 쪽으로 환원하고, 오른쪽 팔을 바깥쪽으로 뻗게 된다. ③에서는 달굿대를 오른손에 쥐고, 오

11) 이소라, 『파주민요론』, 파주문화원, 1997, 182~183면.
2002년 4월 21일에 경기도 양주소놀이굿 전수회관에서 있었던 이 소리꾼의 실연과정에서도 이러한 점이 확인된다. 선창자의 사설이 주어지는 동안에 유장한 사설에 춤을 추다가 후렴구에 이르러서 세 번의 발맞추기와 달곳대를 짚는 과정이 이루어진다.

른쪽 발과 함께 광중을 다시 다진다. ④에서는 달굿대를 오른발 쪽에서 왼발 쪽으로 바꾸고 왼팔을 바깥쪽으로 뻗으면서 활개치게 된다. 그래서 긴달고소리처럼 사설 부분에 동작이 느리게 되는 대목이 없이 규칙적으로 이어진다.

회다지 부분 동작

①	②	③	④
달굿대를 왼손에 쥐고, 왼발과 함께 원 안으로 달굿대를 꽂는다.	달굿대를 왼발에서 오른발 쪽으로 환원하고, 오른쪽 팔을 바깥쪽으로 뻗게 된다	달굿대를 오른손에 쥐고, 오른쪽 발과 함께 광중을 다시 다진다	달굿대를 오른발 쪽에서 왼발 쪽으로 바꾸고 왼팔을 바깥쪽으로 뻗으면서 활개치게 된다

자진달고소리의 사설 역시 일정하지 않으나, 가창자의 능력 여하에 따라서 명산명기타령, 회심곡, 범벅타령, 중타령 등으로 이어지기도 한다.

자진소리에서 회다지꾼들의 동작을 위의 사진으로 설명하면, 동작(a)와 동작(c)는 준비 동작이 된다. 즉, 노래가 시작되면 먼저 동작(a)-동작(b)-동작(c)-동작(d)를 장단에 맞춰서 반복하면서 회다지를 한다. 즉 3소박 4박의 장단에 맞춰서 각각의 동작을 움직이면서 좌우편의 사람들끼리 등과 배를 번갈아 가면서 부딪치는 동작을 하게 된다.

회다지 동작(a)

회다지 동작(b)

회다지 동작(c)

회다지 동작(d)

4. 상여 소리 사설[12]

긴소리

(후렴)
어허 ~어~~헤 어러리 넘차 어~~헤

어	-	-	허	-	-	어	-	-	헤	-	-	어	러	리	넘	-	차	어	-	허	예	헤	-

간다간다 떠나간다 이승길을 하직하고
만당 같은 집을 두고 문전옥답을 다 버리고
부모처자 이별하고 저승으로 나는 가네
어제까지 울 넘어로 세상애기 하던 분이
자고나니 허망하게 베옷 입고 꽃신 신고
명정장포 앞세우고 황천길로 떠나가네
구사당에 하직하고 신사당에 허베하고
한번가면 못오는길 황천길이 웬말인가
성분독촉 사고종신 어러리 넘차 어헤
영이기가 왕즉유택 재진결례 영결종천
처자들은 뒤에두고 눈물가려 어이가리
아이고 애고 우지마라 나는간다 우지마라
아이고 되고 못가겠네 서러워서 못가겠네
이제가면 언제오나 오는날은 일러주오
일가친척이 많다해도 어느 일가가 대신가나
친한벗이 많다해도 어느 친구가 대신가나
동기일신 많다해도 어느 동기가 대신가나
옛노인네 말씀에는 저승길이 멀다던데
오늘나에 당하여는 대문 밖이 저승일세

---

12) 여기에 수록된 사설은 현재 양주 상여와 회다지소리 보존회에서 전승교본으로 삼고 있는 것이다.

부령청진 가신님은
북망산천 가신님은
뒷동산에 고목나무
병풍 속에 그린 암닭
가마솥에 삶은 개가
명사십리 해당화야
너는 명년 춘삼월에
우리인생 한번가면
십이군청 어깨 빌어
구천관정 깊이파고
금잔듸로다 이불삼고
두견접동을 벗을 삼고
살은 썩어 물이 되고
어느 누가 날 찾다가
제전을 차려놓고
우느니 우는 줄 아나
앞산에는 두견새 울고
흐리는 것은 눈물이요
불쌍한 이 신세는
서산에 지는 해는
창해유수 흐르는 물
서산낙조 떨어지는 해는
황천길은 얼마나 멀어
못 다 먹고 못 다 쓰고
시름없이 가는 인생
우리인생 허무하네
엊그저께 청춘이건만
한 백년은 살자더니
초목같이 쓰러지니

돈 벌며는 온다지만
어느 시절에 오시려나
싹이 나면 오시려나
홰를 치면 오시려나
커겅컹 짖으면 오시려나
꽃진다고 서러마라
다시피어 나련만은
다시오지 못 하도다
만첩청산 들어가서
칠성판으로 요를 삼고
산천초목을 울을 삼고
잠든 듯이 누웠으니
뼈는 썩어 진토되네
무덤가에 찾아와서
호천망극 곡을 하니
가느니 가는 줄 아나
뒷산에는 접동이로다
나오는 것은 한숨이다
어느 누가 알아주랴
지고 싶어 진다더냐
다시 오기 어려워라
내일다시 뜨건만은
한번가면 영절인가
두손거둬 배위에 얹고
애달프고 한심하다
세월이 유수로다
어언간에 인생종점
가는 세월 누가막나
원통하고 슬프구나

상여소리-긴소리¹³⁾

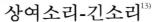

선소리: 김진명, 황정섭
채보: 정서은
백석면 고능말

---

13) 여기에 수록된 교본 상여소리의 사설과 악보의 사설에 차이가 있다. 채보된 악보의 원자료는 2002년 7월 1월에 고능말에서 실제 장례의 현장에서 채록한 자료를 채보한 것이다. 따라서 약간의 사설의 차이는 불가피한 실정이다. 악보는 상여소리의 선율을 확인하기 위한 것으로 사설과 다르다고 하더라도 선율이 달라지는 것이 아니므로 함께 붙여서 싣고자 한다. 또한 상여소리는 메기고 받는 형식의 지속적인 반복이므로, 소리별로 길게 채보하지 않고 선율의 흐름을 알 수 있는 정도의 분량만 채록하여 실었다.

자진소리

(후렴)
어허~ 어~헤

| 어 | 허 | - | 어 | - | 헤 | - |

만당 같은 내 집 두고
문전옥답 다 버리고
만첩청산 들어 가니
칠성으로 요를 삼고
두견접동 벗을 삼아
살은 썪어 물이 되고
삼혼칠백 흩어지니
서산에- 지는 해는
창해유수 흐른 물은
나는 가네 나는 가네
누구 믿고 갈 것이냐
어제 날은 초면이지
앞으로는 이웃되여
가까웁고 친절하게
원통하고 절통하네
조석주야 단겼는데
또 다시는 못 와보네
가네 가네 나는 가네
동고동락 같이하나
오고 가지 말려무나
오늘날은 백발이라
북망산천 영영 가네
호호탕탕 넓은 길로

천금 같은 자식 두고
십이군정 어깨 빌어
구척광정 깊이 파고
금잔디로다 이불 삼아
산천초목 울을 삼네
뼈는 썪어 진토 되여
어느 친구 날 찾는가
지고 싶어 진다더냐
다시 오기 어려워라
북망산천 나는 가네
산천초목 접동새야
오늘부터 벗을 삼아
조석마다 만나며는
서로 문안하여보세
이 앞으로 살아생전
한번 죽어 진토되니
세상 살아 살데 없네
인제 가면 언제 와서
세월이야 네월이야
어제 날은 청춘인데
허송세월 다 보내고
잘 가시요 잘 가시요
극낙세계 가십시요

어화청춘 벗님네야
부모님이 살아 생전
동기일신 우애하고
벗친구에 친절하고
선심공덕 많이하여
부모님이 가신 후에
부모 은공 생각하면
여보시요 임자님네
일생일사 사람마다
늙는 날과 죽는 날은
명사십리 해당화야
춘삼월 봄이 오면
너는 다시 피련마는
아차 한 번 죽어지면
한 번 가면 그만인데
극락세계 가옵시고
백년오복 누리시고
두손모아 비나니다

이내 말삼 명심하소
효행극진 하옵시고
일가친척 화목하고
이웃에도 우애있고
극락세계 길을 닦소
후회한들 소용없고
한 입으로 말 할손가
늙지 않고 죽지 않소
이 세상에 나온 사람
어느 누구 다 겪는다
꽃 진다고 설워마라
잎도 피고 꽃도 피고
초로 같은 우리 인생
움이 날까 싹이 날까
선심공덕 하시다가
연화대로 가시옵고
자손창성 하옵시기

상여소리-자진소리

선소리: 김진명, 황정섭
채보: 정서은
백석면 고능말

오호소리14)

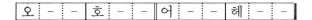

상여소리-오호소리

선소리: 김진명, 황정섭
채보: 정서은
백석면 고능말

---

14) 오호소리의 사설은 특별히 따로 두지 않고 있어서 긴소리나 자진소리의 사설과 공유한다. 뒤의 2002년
7월 1일 연행 자료에서 오호소리의 사설을 확인할 수 있다.

5. 회다지소리 사설

긴소리

곰방네
곰방네
곰방님네
        예

에 옛 법 버리지 말고 새 법 내지말고
옛날 노인 하시던 회다지 한번 하여보세
        예

에 에헤이 오호라 무 우
        예히 헤이 어허어라 예

어허 산 설구 물 설은데
누굴 찾아 나 여기 왔소
        예이 헤이 어허어라 예

예 예헤에이 오호라 달고
이소리를 천지신명 전에 고합니다.
이 소리를 불쌍하게도 돌아가신 망인 전에 고합니다.
왜 돌아갔소 왜 돌아갔소 한 백년 사시지 않고 왜 돌아갔소
불쌍하고도 가련쿠나 돌아가신 우리 님이 불쌍하고도 가련쿠나
엊그저께도 성튼 몸이 오늘 헤벽 소리가 웬말이요
명사십리 해당화야 꽃이 진다고 잎이 진다고 서러워 마라
너는 명년 춘삼월에 다시 피어나련마는
우리인생 한번가면 다시 오지 못 하도다
나무라도 고목되면 오던 새도 아니 오는구료

물이라도 건수가 되면 오던 고기도 아니 오는구료
꽃이라도 낙화되면 오던 나비도 아니오고
우리인생 아차 한번 죽어지면 다시오지 못하도다
산도 설고 물설은 이곳에 만년유택 집을 짓고
하늘땅에 집을삼고 두견접동 벗을 삼아
산천초목으로 울타리를 삼고 금잔디로 이불을 덮네
이 소리로다 해 세월을 하나 잦은 달고 소리로다 넘어가 봅시다

회다지소리-긴소리[15]

선소리: 최장환
채보: 정서은
고능말

─────────
15) 고능말 회다지소리 채보자료는 2003년 5월 4일 양주문화예술축제에서 최장환옹이 부른 회다지소리를
채록하여 채보한 자료이다.

자진소리

(후렴)
에헤여라 달~고

| 에 | - | 헤 | 여 | - | 라 | 달 | - | - | 고 | - | - |

달고 하시는 여러분들 　　　한 발 두 뺨 달곳대를
눈 위로 번쩍 들어 　　　　쳐든 팔은 길게나 뻗어
삼등허리를 굽으려가며 　　남의 발등 밝지나 말고
배도 대고 등도나 대며 　　쾌광쾅 밝아를 보세
이 달고를 다 할적에 　　　먼데 사람 듣기나 좋게
가까운데 사람보기나 좋게 　청포밭에 금붕어 놀듯
장다리 밭에 나비가 놀듯 　이도령 방에 춘향이 놀듯
슬금슬금 잘도나 놀며 　　욱신 욱신 다져를 보세
이 달고를 잘 다지면 　　　술이 석잔 상품이 되고
이 달고를 못 다지면 　　　냉수가 석잔 벌칙이 되네
여보시오 회원님네 　　　　이내 말씀 들어를 보소
천지가 조판후에 　　　　　천왕지왕 생기였고
금수강산 생긴 뒤에 　　　인왕이 생기였으니
해동하국 조선국은 　　　　팔도강산으로 나뉘였으니
이산 명기 찾을 적에 　　　각도명산 정기를 찾아
함경도를 올라서니 　　　　함경도라 백두산은
두만강수가 둘러있고 　　　강원도라 금강산은
해금강수가 둘렀구료 　　　경상도라 태백산은
낙동강수 둘러있고 　　　　전라도 지리산은
섬진강수가 둘렀구료 　　　제주도를 건너가서
제주도라 한라산은 　　　　남해바다가 둘러있고
충청도라 계룡산은 　　　　공주금강이 둘러있내
황해도 구월산은 　　　　　예성강수 둘러있고

평안도라 묘향산은
경기도를 올라와서
한강수가 둘러있네
백석하고도 홍죽리에는
월암산 내린줄기
건너 안산도 가로나 질러
천하명당 여기로구나
아들을 나면 효자를 낳고
며느리 얻으면 열녀를 얻고
소를 노면 약대로다
닭을 노면 봉황이 되어
돼지를 놓면 거복이 되고
시시가문에 만복래구료
문필봉이 비춰구나
오호대장도 날자리로다
노적봉도 비췄구나
만석지기 될자리로다.
이내 말씀 들어보소
어언간내 늙어지면
황금같은 이시간을
만사형통 할것이며
부귀영화 돌아온다
자살자멸 하느니라
늙고 죽엄 다당하다
일장춘몽 꿈이로다
선심공덕 많이하여
연화대로 가옵소서
다른 소리로 넘어가 보세
강타령으로 들어가 보나
방아타령으로 넘어가보세

대동강수 둘렀구료
경기도 삼각산은
경기도 양주시에서
고대에도 명소이고
좌청우백이 분명구나
당글정자 분명하니
이 자리에 모시고 나면
딸을 나면 효녀 낳고
말을 노면 용마되고
개를 노면 호박개되고
너울너울 춤잘춘다
족재비복은 치고나들어
또 한편을 쳐다를 보니
대대문장 날자리요
또 한편을 쳐다를 보니
장차거상 날자리요
어화 청춘 소년들아
가는 세월 허송하다
후회막급 어찌하리
일하면서 배우며는
선심공덕 하오며는
악의악심 가지며는
이세상에 나온사람
칠팔십을 산다해도
이세상에 나왔다가
극락세계 가옵시고
이 소리로다 해세월을 하나
산타령으로 넘어가 보나
이소리 저소리 다 그만두고

자진소리 - 회심곡

여보시요 시주님네
세상천지만물 중에
이 세상에 나온 사람
석가여래 공덕으로
어머님전 살을 받고
제석님전 복을 빌고
한두살에 철을 몰라
이삼십을 당하여도
어이없고 애달고나
원수백발 돌아오니
할수 없다 할수 없다
인간들에 이 공도를
춘초록은 연년록이요
우리 인생 늙어지면
인간 백년 다 살아도
걱정 근심 다 제하면
어제 오늘 성튼 몸이
부르나니 어머니요
인삼녹용 약을 쓰나
관수 불러 경 읽은들
무녀 불러 굿을 한들
재미쌀을 빌고 빌어
칠성단을 모아 놓고
정성들여 빌을 적에
중탕에는 목욕하고
초대 한 쌍 벌여놓고
소지 한 장 바쳐들고
칠성님전 발원하고

이내 말삼 들어보소
사람 밖에 또 있는가
뉘덕으로 나왔는가
아버님전 뼈를 받고
칠성님전 명을 받고
이내 일신 탄생하니
부모은공 알을손가
부모 은공 못 다 갚고
무정세월 여류하여
원통하고 절통하다
홍안백발 늙어 간다
누가 능히 막을 손가
왕손은 귀불귀라
다시 젊지 못 하리라
병든 날과 잠든 시간
단 사십도 못 살 인생
저녁 나절 병이 들어
찾는 것이 냉수로다
약효험이 있을 소냐
경덕이나 입을 손가
굿덕이나 입을 소냐
명산대찰 찾어가서
석달열흘 백일기도
하탕에는 수족 씻고
상탕에는 메를 지어
향로 향합 불 피우고
비나이다 비나이다
신장님전 공양한들

어느 성현 알음 있고
제일전에 진광대왕
제삼전에 송제대왕
제오전에 염라대왕
제칠전에 태산대왕
제구전에 도시대왕
열시왕에 명을 받아
한 손에는 철봉들고
쇠사슬을 비껴차고
살대같이 달려와서
뇌성같이 소리치며
어서 가자 바삐 가자
뉘 분부라 거역하여
실낫같은 약한 몸에
결박하여 끌어내니
여보시요 사자님네
신발이나 고쳐신고
노자돈도 마련하고
어느 사자 들을소냐
인간하직 망극하다
꽃진다고 설워마라
잎도 피고 꽃도 피고
초로같은 우리 인생
다시 오기 어려워라

감음이나 할까보다
제이전에 초강대왕
제사전에 오관대왕
제육전에 번성대왕
제팔전에 평등대왕
제십전에 전륜대왕
일직사자 월직사자
또 한 손에 창검들고
활등같이 굽은 길로
닫은 문을 박차면서
성명 삼자 불러내어
호통치며 끌고 가니
뉘 령이라 지체할까
팔뚝같은 쇠사슬로
혼비백산 나 죽겠네
이내 말삼 들어 보소
점심이나 먹고설랑
만단개 유애걸 한들
불쌍하다 이내 신세
명사십리 해당화야
명년 삼월 봄이 오면
너는 다시 피련마는
아차 한번 죽어지면

자진소리 – 역설가16)

천지 후천지는
골욕산 일지맥에
백두산이 주산이 되고
두만강이 청용이 되고
지세도 좋커니와
팔도강산 좋은 경치
함경도 백두산은
평안도 묘향산은
황해도 구월산는
강원도 금강산은
경기도 삼각산은
충청도 계룡산은
경상도 태백산은
전라도 지리산은
제주도 한라산은
팔도강산 좋은 명기
천하의 제일이요
이 산소 터 잡을 적에
도선이 박상희 무학이가 잡지 못하고
지남철을 손에 쥐고
좌향 놓고 안세를 놀제
대과는 물론이요
좌청룡이 잘 되었으니
우백호가 잘 되었으니
앞에 주충노적봉은
뒤에 주춤 문필봉은

억만세에 무궁이로다
대한민국이 생기였으니
한라산이 안산이로다
압록강이 백호로다
풍경이 더욱이 좋다
역역히 둘러를 보니
두만강이 둘러있고
압록강이 둘러있고
세류강이 둘러있고
동해바다가 둘러있고
임진강이 둘러있고
백마강이 둘러잇고
낙동강이 둘러있고
공주 금강이 둘러있고
무변대해가 둘러있고
역역히 끌러다가
일광지지가 여기로다
누구누구가 잡았던가
○○○(그 당시지관)가 잡아 놓고
육도판을 앞에다 놓고
득수득파가 었더하든고
부귀공명이 있을 자리요
자손번성할 자리요
외손번성 할 자리요
거부장자가 될 자리요
문장재사가 날 자리요

---

16) 백석읍 홍죽 2리에 거주하고 계시는 한상영 옹의 제보로 정리한 부분이다. 이 사설을 회다지소리의 자
   진소리로 사용하므로 함께 정리하였다.

투구봉이 비추었으니　　　　대대장군이 날 자리요
천지현황 생길 적에　　　　일월영천 하오리다

회다지소리-자진소리

선소리: 최장환
채보: 정서은
고능말

꽃방아타령

(후렴)
에헤 에헤야 에헤에헤 에헤야
에야 에헤야 에헤리 좋소

에	-	-	헤	-	-	에	-	헤	요	-	-	에	-	헤	에	-	헤	에	-	헤	야	-	-
에	야	-	-	-	-	에	-	헤	야	-	-	에	-	-	헤	-	리	좋	-	-	소	-	-

좋다 좋구나
내일 다시 돋건마는
한 번 가시며는

서산 낙조 떨어지는 해는
황천길이 얼마나 멀어
애루화 영절인가?

좋다 좋구나
병풍 안에 그린 암탉
가마솥에 푹 삶은 개가

이제 가시면 언제 오려나
꼬끼요 하며는 오시려는가
커겅컹 짖으면 오시려나

좋다 좋구나
임진강이 말라져서
불쌍한 이내 신세
애루화 다시 오기 만무로다

감악산이 평지가 되고
먼지가 나면 오시려나
아차 한번 죽어지니

좋다 좋구나
무정세월아 가지를 마라
애루화 다 늙어 가노라

무정세월아 가지를 마라
아까운 이내 청춘

좋다 좋구나
못 다 먹고 못 다 쓰고
시름없이 가는 인생

먹고 가며 쓰고 가야지
두 손 거두어 배위에 얹고
애루화 한심하구나

좋다 좋구나
세월이 유수로 구나
어연간에 인생종점

좋다 좋구나
한 풀에 나비로다
단배 곯고 모은 세간

좋다 좋구나
산간을 의지하고
이내 설움을 아뢰는 듯
이승 하직을 하는구나

좋다 좋구나
뒷산에는 접동이로다
나오는 것은 한숨일세
애루화 속절이 없구나

좋다 좋구나
뼈는 썩어서 황토가 되니
날 찾는 이는 하나도 없네
애루화 처량구나

좋다 좋구나
한풀에 나비로다
천년사리까 만년사오
애루화 태평하게 사십소사.

좋다 좋구나
푸른콩 한 알을 입에다 물구

우리인생 허무하도다
엊그제 청춘 이건만
애루화 오늘 이로구나

가련하네 묘창해지 일속이고
불철주야에 고통도 많고
애루화 지고 가느냐

세파에 시달린몸
승방에 늦은 종소리
아서라 떨쳐버리고

앞산에 두견새 울고
흐르는 것은 눈물이요
불쌍한 이 신세는

살은 썩어 물이 되고
심야공산 저문날에
외로운 이네 신세

묘창해지가 일속이며
하루와치도 못사는 인생
천만년을 못사는 인생

노들강변 비둘기 한쌍
암놈이 물어 수놈을 주구

수놈이 물어 암놈을 주며
늙은 과부는 한숨을 쉬구

좋다 좋구나
집우자루 집을짓구
달월자루 달아 놓구
거드렁 거리며 놀아보자

좋다 좋구나
정은 어이 깊었는지
만난 것이 원수로구나
애루화 연분이로다.

좋다 좋구나
물만밥을 너를 줄제
낮이나 밤에 오시는 내님

좋다 좋구나
열매같이 맺어를 놓고
뿌리 깊이 깊었으니

좋다 좋구나
이 강산 삼천리 새봄이 왔네
불탄 풀이 새싹이 나고
사람에 심정을 애루화 도도와준다.

좋다 좋구나
어머님전 살을 빌어
이내 일신이 탄생하니
꺼지면 꺼질세라 음성에 같이

수놈 암놈이 어르는 소리
젊은 과부는 애루화 반보쩜 싸누나.

하늘천지 따지 땅에
날일자 영창문을
밤이면 유정님 만나

오다가다 만난 님은
생각하고 또 생각하니
오늘 다시 만나면

개야 개야 거공든 개야
먹기가 싫어서 너를 주느냐
짖지나 말라고 너를 준다.

꽃같이 고운님 만나
가지가지 받은 정은
백년이 진토록 애루화 잘살아 봅시다.

봄이 왔네 봄이 왔네
솔솔 부는 봄바람에
지저귀는 산새들은

아버님전 뼈를 빌고
십삭열달을 고이 채워
불면은 나을세라
애루화 잘 길러 보십시다.

좋다 좋구나
물 말기 한밥을 가지고 나와
개야 개야 검둥개야
이웃집 도련님 담 넘어 올적에

월매 딸 춘향이가
개밥통에 툭 털어놓고
이 밥 일랑 먹기가 싫어서 너 준밥 아니다
짖지를 말라고 애루화 너준 밥이로다.

좋다 좋구나
이태백이 놀던 달아
계수나무 박히었으니
금도끼로 다듬어서
양친부모 모시어 다가

달아 달아 밝으신 달아
저기 저기 저 달 속에
옥도끼로 찍어내여
초가삼간 집을 짖고
애루화 잘 살아 보십시다.

좋다 좋구나
화살에나 맞았는지
갈소 한 잎을 입에다 물고

저기 가는 저 기러기
부러진 죽지를 자리잘잘 끌고
갈소밭으로 애루화 넘나 드는구료

좋다 좋구나
백팔염주를 목에다 걸고
부모님의 은공을

머리를 깍고 승낙을 쓰고
부처님전에 정성을 들여
애루화 갚아를 봅시다.

좋다 좋구나
빨래를 하는 저 처자야
또 한 손에는 방망이를 들고
대장부에 구곡간장이

장단은 고랑포 임진강가에
한손에는 빨래를 들고
쳐들어 철석궁 빨래이기는 소리에
애루화 슬슬이 다 녹인다.

회다지소리-꽃방아타령

선소리: 최장환
채보: 정서은
고능말

♩ = 60   실음은 단7도 아래

<메>
에헤에헤 이 요 - 에헤에헤 - 에 - 헤 - 야 - 에 야 - 에헤야 에 헤 - 리 좋 소

<받>
에 헤 에 헤 요 - 에헤 - 에 헤 - 에헤 야 - 에 야 - 에헤 - 야 에 헤리 좋 - 소 -

<메>
좋 - 다 좋구나 이소리가 무슨소리 자진 - 방아로 에루화 인 - 정했 - 소

<받>
에헤 에 헤 - 요 - 에헤 에 헤 - 에헤야 - 에 야 - 에헤 야 - 에 헤리 좋 - 소 -

<메>
좋 - 다 - 좋구나 - 산에 올 - 라 산진방아 들로 나려 - 수진 - 방아

여 주 이 천 엔 자차 - 방아 김 - 포 통 - 진 엔 에루화 물 다리 방 알세

<받>
에 헤 에 헤 요 - - 에헤 에 헤 - 에헤 야 -

에 야 - - - 에헤 - 야 - 에 헤리 좋 소

94   양주 상여와 회다지소리

어러러 소리

(후렴)
어러러리 어러러로다

어러러 소리는 상두꾼의 소린데
어러러 소리를 잘도하여 보세
옛날 옛적 진시황은 만리장성을 쌓아놓고
장생불사 하려다가 그도 또한 아니되어
여산공록 깊은 속에 속절없이 누워있고
천하장사 초패왕은 오강에서 잠운했고
천하일색 초련이는 절개가 없어서 죽었으며
천하구변 소진이는 육국대왕을 달래놓고
염라대왕을 못달래여서 그도 또한 죽었으며
진천사 도원명은 추강산 배를 모아
도육촌 불러다가 장생불사 하였거늘
초로같은 우리인생 아차한번 죽어지면
여기 이 모양 이 꼴이로다 어러러리 로다

상사소리

(후렴)
닐릴릴 상사디야

| 닐 | - | - | 릴 | - | 릴 | 상 | - | 사 | 디 | - | 야 |

상사하시는 여러분들 　　　　　한마디는 높이받고
또 한마디는 앝이 받아 　　　　상사소리를 하여보세
상사났네 상사났네 　　　　　　무슨 상사가 낳느냐
이십살 먹은 노처녀가 　　　　　시집을 못가 상사로다.
상사났네 상사났네 　　　　　　무슨 상사가 낳느냐
서른살 먹은 노총각이 　　　　　장가를 못가서 상사로다.
상사부사는 동지스라 　　　　　닐릴릴 상사디야
여기오신 여러분들 　　　　　　자네도 한잔 나도 한잔
인생을 살면 몇백년 사나 　　　빈손들고 태어나서
빈손들고 가는인생 　　　　　　허망하고 가련구나
화무는 십일홍이요 　　　　　　달도 차면 기우나니
인생은 일장춘몽인것을 　　　　아니노지는 못하리라

회다지소리-상사소리

선소리: 최장환
채보: 정서은
고능말

새 날리기

(후렴)
우야 훨훨

우	–	–	야	–	훨	–	훨	–

아랫녁새 웃녁새야
전지고불 녹두새야
높이도 떴구나 종달새야
얕이도 떴구나 굴뚝새야
말 잘 하는 앵무새며
춤 잘 추는 학두루미
꽁지가 좋구나 공작새야
청포밭에 파랑새야
홀로 우는 두견새야
시쭉깝쭉 할미새더냐
기러기 훨훨 하늘을 날고
제비는 물을 차고
참새는 다 날아갔구나
간다 간다 날아를 간다
사방팔방으로 날아를 간다
우야 훨훨

회다지소리-새 날리는 소리

선소리:최장환
채보: 정서은
고능말

Ⅳ. 상여와 회다지소리 자료

1. 양주 무태안 마을 회다지소리
(선소리: 최장환, 2002년 1월 12일, 양주 무태안 마을회관)

[긴소리]
곰방네
곰방네
곰방님네
　　　예

에 옛 법 버리지 말고 새 법 내지말고
옛날 노인 하시던 회다지 한번 하여보세
　　　예

에 에헤이 오호라 무우
　　　예히 헤이 어허어라 예

어허 산 설구 물 설은데
누굴 찾아 나 여기 왔소
　　　예이 헤이 어허어라 예

어허 부령청진에 가신 님은 돈벌러 가셨지만
공동묘지 가신 님은 무엇하러 가셨나요
　　　예이 헤이 어허어알 무

[자진소리]
에헤야라 달고
　　　에헤야라 달고

어화 역군에 내 동간들
　　　에헤야라 달고

이편 저편에 편다툼 말고
　　　헤이야라 달고

니경 내경에 시격도 말고
　　　에헤야라 달고

먼데 사람은 듣기가 좋고
　　　에헤야라 달고

가깐데 어른들 보시기 좋게
　　　에헤야라 달고

세상천지 만물 중에
　　　에헤야라 달고

사람밖에는 또 있는가
　　　에헤야라 달고

이내 인생이 태어날 때
　　　에헤여라 달고

명산대천을 찾어가서
　　　에헤야라 달고

백일기도를 드릴 적에
　　　에헤야라 달고

비나니다 비나니다
　　　에헤야라 달고

하나님전에 비나니다
　　　에헤야라 달고

옥동자를 비나니다
　　　에헤야라 달고

정성이 지극하여
　　　헤야라 달고

그 달부터 태기가 있어
　　　에헤여라 달고

어머님 전에 살을 빌고
　　　에헤야라 달고

아버님 전에 혈육을 빌어
　　　에헤야라 달고

칠성님에다 명을 빌고
　　　　에헤야라 달고

석가여래서 복을 받고
　　　　에헤여라 달고

십삭 만에 태여날 때
　　　　에헤여라 달고

거적자리에 떨어지니
　　　　에헤여라 달고

옥동자에도 귀동잘세
　　　　에헤여라 달고

우리부모가 나를 안고
　　　　에헤여라 달고

땅에서 솟았느냐
　　　　에헤여라 달고

하늘에서 떨어졌느냐
　　　　에헤여라 달고

옥동자에도 귀동잘세
　　　　에헤여라 달고

동네간에는 화목동이
　　　　에헤여라 달고

동기간에는 의리둥이
　　　　에헤여라 달고

부모에는 효자동이
　　　　에헤여라 달고

나라에는 충신둥이
　　　　에헤여라 달고

우리부모가 날 기르실 적에
　　　　에헤여라 달고

겨울이면은 추울까봐
　　　　에헤여라 달고

따뜻한 자리엔 나를 뉘고
　　　　에헤여라 달고

추운자리엔 어머님 눕고
　　　　에헤여라 달고

여름이면은 더울까봐
　　　　에헤여라 달고

시원헌 자리에 나를 뉘고
　　　　에헤여라 달고

모기빈대를 잡아주고
　　　　에헤야라 달고

먹을 것이 생기면은
　　　　에헤여라 달고

맛을 보고 나를 줄 때
　　　　에헤야라 달고

쓰고 맛없는 건 어머님 들고
　　　　에헤야라 달고

달고 맛있는 건 나를 주니
　　　　에헤야라 달고

한두살에 철을 몰라
　　　　에헤여라 달고

부모은공을 알을소냐
　　　　에헤여라 달고

걱정근심을 다 정허치면
　　　　에헤여라 달고

단 사십을 못산다네
　　　　에헤여라 달고

2. 광적면 상여와 회다지소리

(상여소리: 안준옥, 회다지소리:황상복, 2003년 2월 23일, 광적면 현장채록)

1) 발인축원

왕즉유택 재진결례 영결종천

2) 발인 상여소리

[긴소리]

허어 허어 허어오 어디 간다 에헤헤
　　　어 어 어 호 어러리 넘차 어 헤

허어 허어 허어오 어디 간다 에헤헤
　　　어 어 어 호 어러리 넘차 어 헤

인제 가시면 언제 오냐 오마는 날이나 일러주오
　　　어 어 어 호 어러리 넘차 어 헤

북망산천이 멀다더니 대문 밖이 북망산천
　　　어 어 어 호 어러리 넘차 어 헤

가시질 마 가시지 마오 인제 가면 언제 오나
　　　어 어 어 호 어러리 넘차 어 헤

아들애기 많다지만 어느 누가 대신 갈까
　　　어 어 어 호 어러리 넘차 어 헤

일가친척 많다지만 어느 누가 대신 갈까
　　　어 어 어 호 어러리 넘차 어 헤

허어 허어 허어오 어디 간다 에헤헤
　　어 어 어 호 어러리 넘차 어 헤

친구 벗님 많다지만 어느 누가 대신 갈까
　　어 어 어 호 어러리 넘차 어 헤

어허허 어이 헤 어디 간다 어 에헤헤
　　어 어 어 호 어러리 넘차 어 헤

부뚜막 위에 군밤 심어 싹이 나면 온다더냐
　　어 어 어 호 어러리 넘차 어 헤

어허허 허어호 어디 간다 어 에헤헤
　　어 어 어 호 어러리 넘차 어 헤

가마솥에 삶은 개가 커겅컹 짖으면 오시려나
　　어 어 어 호 어러리 넘차 어 헤

어허허 허어호 어디 간다 어 에헤헤
　　어 어 어 호 어러리 넘차 어 헤

병풍에 그린 닭이 울게 되면 오시려나
　　어 어 어 호 어러리 넘차 어 헤

어허허 어허허오 어디 간다 허어 에헤헤
　　어 어 어 호 어러리 넘차 어 헤

가시지 마 가지를 마오 인제 가시면 언제 오나
　　어 어 호 어러리 넘차 어 헤

어허허 허어호 어디 간다 어 에헤헤
　　어 어 어 호 어러리 넘차 어 헤

우리가 하던 한숨 빼면 놀든 고기 오것만은
　　어 어 어 호 어러리 넘차 어 헤

우리네 인생에 한 번 가면 어느 시절 다시 올까
　　어 어 어 호 어러리 넘차 어 헤

어허허 허어호 어디 간다 어 에헤헤
　　어 어 어 호 어러리 넘차 어 헤

나무라도 고목이 되면 오던 새도 아니 오건만은
　　어 어 어 호 어러리 넘차 어 헤

우리 인생 한 번 가면 어느 시절 다시 올까
　　어 어 어 호 어러리 넘차 어 헤

어허허 허어호 어디 간다 어 에헤헤
　　어 어 어 호 어러리 넘차 어 헤

혹시나 하던 낙화 지면 오던 나비 오것만은
　　어 어 어 호 어러리 넘차 어 헤

어허허 허어호 어디 간다 어 에헤헤
　　어 어 어 호 어러리 넘차 어 헤

명사십리 해당화야 꽃 진다 잎 진다 설어 말아
　　어 어 어 호 어러리 넘차 어 헤

어허허 허어호 어러리 넘차 어 에헤 헤
    어 어 어 호 어러리 넘차 어 헤

어허 ○수야 ○수 꽂아 먹구 가구 놀다 가세
어허허 허어호 어디 간다 어 에헤헤
    어 어 어 호 어러리 넘차 어 헤

어허 허 허어 호 어디 간다 에헤 헤
    어 어 어 호 어러리 넘차 어 헤

어허 허 허어 호 어디 간다 에헤 헤
    어 어 어 호 어러리 넘차 어 헤

동지 다섯 달 서너 중에 꽃이 피면 오시려나
    어 어 어 호 어러리 넘차 어 헤

어허 허 허어 호 어러리 넘차 에헤헤
    어 어 어 호 어러리 넘차 어 헤

오뉴월 하고 삼복지경에 백송이 날리면 오시려나
    어 어 어 호 어러리 넘차 어 헤

가시지 마 가시지 마오 인제 가시면 언제 오나
    어 어 어 호 어러리 넘차 어 헤

북망산에 멀다 해두 대문 밖이 북망산천
    어 어 어 호 어러리 넘차 어 헤

어허 허 허어 호 어디 간다 에헤 헤
    어 어 어 호 어러리 넘차 어 헤

천지와 같은 우리네 부모 인제 가면 언제 오나
　　　　어 어 어 호 어러리 넘차 어 헤

어허 허 허어 호 어디 간다 에헤 헤
　　　　어 어 어 호 어러리 넘차 어 헤

어허 허 허어 호 어디 간다 에헤 헤
　　　　어 어 어 호 어러리 넘차 어 헤

어허 허 허어 호 어러리 넘차 에헤 헤
　　　　어 어 어 호 어러리 넘차 어 헤

가시지를 마 가질 마오 나를 두고서 어딜 가오
　　　　어 어 어 호 어러리 넘차 어 헤

하늘 같이 높은 사랑 하해 같이두 깊은 사랑
　　　　어 어 어 호 어러리 넘차 어 헤

헤 헤 헤 어러리 넘차 에헤 헤
　　　　어 어 어 호 어러리 넘차 어 헤

어 허
　　　　어 허

어 허
　　　　어 허

어 허
　　　　어 허

어허 허 허어 호 어러리 넘차 허어 에헤
허 허 허 호 어러리 넘차 허어 헤

상여소리-긴소리

선소리: 안준옥
채보: 정서은
광적면

♩ = 50 실음은 단7도 아래

<메> 허어허어허어 - 오 - 어디 - 간다 - 에헤 헤 어 어 어 호 - <받>

<메> 어러리넘차 - 어 - 허 허어 허어 허어 - 오 - 어디 간다 - 에헤 헤

<받> 어 어 어 호 - 어러리넘 차 - 어 - 허 인제 가시면 - 언제 오냐 <메>

오마는 - 날이나 일러주오 어 어 어 호 - 어러리넘 차 - 어 - 허 <받>

<메> 북망산천이 - 멀다 해도 - 대문 - 밖이 북망산천 어 어 어 호 - <받>

어러리넘 차 - 어 - 허 가지를 - 마오 - 가지를 마오 인제 가면 - 언제 오나 <메>

<받> 어 어 어 호 - 어러리넘차 - 어 - 허 아들 - 애기 많다 지 - 만 <메>

어느 누가 대신 갈 까 어 어 어 호 - 어러리넘차 - 어 - 헤 <받>

[자진소리]
어허
        어허

어허
        어허

어허
        어허

어허
        어허

어허
        어허

어허
        어허

어허
        어허

상여소리-자진소리

선소리: 안준옥
채보: 정서은
광적면

[긴소리]

어허 어허 어호 어러리 넘차 어허 에헤
　　　어 어 어 호 어러리 넘차 어 에헤

명사십리 행당화야 꽃 진다 잎 진다 설워 마라
　　　어 어 어 호 어러리 넘차 어 에헤

인제 가면 언제 가 명륜산에 돌아오나
　　　어 어 어 호 어러리 넘차 어 에헤

어 어 어 호 어러리 넘차 어 에헤
　　　어 어 어 호 어러리 넘차 어 에헤

간다 간다 나는 가 황천 무덤을 파러 간다.
　　　어 어 어 호 어러리 넘차 어 에헤

인제 가면 언제 오나 명년 삼월에 돌아오나
　　　어 어 어 호 어러리 넘차 어 에헤

인제 간다 설어 마라 백년 천년을 내가 사나
　　　어 어 어 호 어러리 넘차 어 에헤

일가 친척 많다 한들 내 대신 갈 사람 어디 있나
　　　어 어 어 호 어러리 넘차 어 에헤

어허 어허 어호 어러리 낭차 어허 에
　　　어 어 어 호 어러리 넘차 어 에헤

3) 회다지소리

[긴소리]
굼방네에
굼방 굼방 굼방네에
　　　　오-

굼방네 부른 건 다름 아니고
옛날 노인 허시던 회대 한 번 허자구 불렀시되
　　　　오-

예 어이리 달고
　　　　예 예 예에헤 예

예 무정 세월 왔다 가지 말려문
　　　　예 예 예에헤 예

어허 하늘 하던 고목이 지면
오든 새도 아니 오는 구나
　　　　예 예 예에헤 예

어허 물이라도 가뭄 소지면
울든 고기도 아니 우는 구나
　　　　예 예 예에헤 예

회다지소리-긴소리

선소리: 황상복
채보: 정서은
광적면

[자진소리]
에야라 달고오
　　　　에여라 달고

달고 오늘 우리 동간
　　　　에여라 달고

한 발 굳게 달고 ○○
　　　　에여라 달고

섬섬 옥수라 몸짓 작고
　　　　에여라 달고오

삼단 허리를 굼질러 놔이며
　　　　에여라 달고오

막걸리 삼 잔에 상 거리일세
　　　　에여라 달고

달고 소리를 잘 못 허이면은
　　　　에여라 달고

냉수 삼 절이 보리로구나
　　　　에여라 달고

함경도 백두산은
　　　　에여라 달고

두만에 강이 둘러를 있고
　　　　에여라 달고

평안도라 내려는 가니
　　　에여라 달고

○○○도 제일이요
　　　에여라 달고

동해도 아름답구나
　　　에여라 달고

함경도 묘향산은
　　　에여라 달고

대동강이 둘러를 있고
　　　에여라 달고

황해도 구월산은
　　　에여라 달고

서해 바다가 둘러를 있고
　　　에여라 달고

강원도 금강산은
　　　에여라 달고

동해 바다가 둘러를 있고
　　　에여라 달고

전라도 지리산은
　　　에여라 달고

낙동강이 둘러를 있고
      에여라 달고

경상도 태백산은
      에여라 달고

양자강이 둘러를 있고
      에여라 달고

충천도 계룡산은
      에여라 달고

공주 금강이 둘러를 있고
      에여라 달고

경기도라 올라를 오니
      에여라 달고

북악산 내린 줄기에
      에여라 달고

경복궁 대궐을 지었구나
      에여라 달고

인왕산이 백호가 되고
      에여라 달고

왕십리가 청룡이요
      에여라 달고

용산 상제는
　　　에여라 달고

한강수가 둘러를 있고
　　　에여라 달고

삼각산 내린 줄기에
　　　에여라 달고

제일 명당이 여기로 구나
　　　에여라 달고

청룡 백호가 잘 되었으니
　　　에여라 달고

백자 천손 날꺼루다
　　　에여라 달고

문장봉이 비치었으니
　　　에여라 달고

문장도 날꺼루다
　　　에여라 달고

효자봉이 비치었으니
　　　에여라 달고

효자 충신이 날꺼루다
　　　에여라 달고

노인성이 비치었으니
　　　　에여라 달고

장생 불사 헐꺼루다
　　　　에여라 달고

노적봉이 비치었으니
　　　　에여라 달고

억만장자도 날꺼루다
　　　　에여라 달고

이만허면 넉넉헐세
　　　　에여라 달고

백구야 백로야 나지를 마라
　　　　에여라 달고

너를 잡을 내 아니 간다
　　　　에여라 달고

얼쑹 달쑹 호랑나비
　　　　에여라 달고

꽃을 넘어서 반기건만은
　　　　에여라 달고

우리 님은 어디를 가고
　　　　에여라 달고

나를 잡을 줄 왜 몰르나
에여라 달고

이 소리루 해를 넘기나
에여라 달고

다른 소리를 하여를 보세
에여라 달고

회다지소리-자진소리

선소리: 황상복
채보: 정서은
광적면

♩ = 60   실음은 단6도 아래

\<메\> \<받\> \<메\>
에 - 야 - 라 달 - 고 에 - 여 - 라 달 - 고 달고 오늘 - 우리 - 동 - 간

\<받\> \<메\> \<받\>
에 - 여 - 라 달 - 고 한 발 굳게 달고 - O O 에 - 여 - 라 달 - 고

\<메\> \<받\> \<메\>
섬섬 - 옥수라 몸짓작 - 고 에 - 여 - 라 달 - 고 삼 단 허리를 - 굼 질 러 놔 - 이며

\<받\> \<메\>
에 - 여 - 라 달 - 고 달고 소리를 잘하 - 면 - 은 에 - 여 - 라 달 - 고

\<메\> \<받\> \<메\>
막 걸리 삼 잔 상 거 리 - 일세 에 - 여 - 라 달 - 고 달고 소리를 - 잘 못 허 이 - 면 은

\<받\> \<메\> \<받\>
에 - 여 - 라 달 고 냉 수 삼 절 이 - 보 리 로 구 - 나 에 - 여 - 라 달 고

\<메\> \<받\> \<메\>
함 - 경 도 - 백 두 산 - 은 에 - 여 - 라 달 - 고 두 만 - 강 이 - 둘 러 를 - 있 - 고

\<받\> \<메\> \<받\>
에 - 여 - 라 달 - 고 평 안 도 라 - 내 려 를 가 - 니 에 - 여 - 라 달 - 고

[방아타령]
헤 헤 헤이 야 헤이 헤이 헤야
헤야 헤에야 헤 헤이리 좋소
　　　헤 헤 헤 요 헤 헤 헤야
　　　헤야 헤헤야 헤 헤 좋소

좋다 좋구나
삼십이 썩 넘어 나 늙었구나
다시 젊지는
꽃이지 앵돌아 졌다
　　　헤 헤 헤 요 헤 헤 헤야
　　　헤야 헤헤야 헤 헤 좋소

좋다 좋구나
북경은 얼마나 멀기
한 번 가면은
에루화 왜 못 오나
　　　헤 헤 헤 요 헤 헤 헤야
　　　헤야 헤헤야 헤 헤 좋소

좋다 좋구나
왜 돌아갔소 왜 돌아갔나
한 백년 못다 사시고
에루화 왜 돌아갔나
　　　헤 헤 헤 요 헤 헤 헤야
　　　헤야 헤헤야 헤 헤 좋소

좋다 좋았구나
낙락장송 늘어진 가지
독수공방 홀로 앉어 울고 있는

저 뻐꾹새는 임이 죽은 혼령인지
날만 보면은
에루화 더 슬피 운다
　　　헤 헤 헤 요 헤 헤 헤야
　　　헤야 헤헤야 헤 헤 좋소

회다지소리-방아타령

선소리: 황상복
채보: 정서은
광적면

♩ = 60　　실음은 단7도 아래

<메>
혜 혜 혜-이야 - 혜이 혜이-혜-야 - 혜 야 - 혜에-야 -

해 헤이리좋소 혜 혜 혜 - 요 - 혜 혜-혜 - 야 -　<반>

혜 야 혜야 혜-야 - 혜 혜 좋 소 좋-다 좋았 구 나　<메>

삼십이 - 썩넘어나늙었구나 다시 - 젊-지-는 꽃이지앵돌아겄 - 다

<반>
혜 혜 혜-요-혜 혜-혜-야-혜야 혜야 혜-야-

<메>
혜 혜 좋 소 좋-다 좋았 구나 북경은-얼마나멀기-

한번 - 가-면-에루화왜못 오 나 혜 혜 혜-요-　<반>

혜-혜-혜-야-혜야-혜-야-혜 혜 좋 소

[훠러리소리]
훠러 허어리 허어리 허라
　　　허어 허리 허어 허야

허어리야 소리는 상도꾼의 소리
　　　허어 허리 허어 허야

어러리야 소리는 상도꾼만 허나
　　　허어 허리 허어 허야

옛날 옛적 진시황은
　　　허어 허리 허어 허야

만권 일서를 불사를 적에
　　　허어 허리 허어 허야

이별은 두 자를 못 살렸거늘
　　　허어 허리 허어 허야

앞집에 처녀 뒷집에 총각
　　　허어 허리 허어 허야

앞집에 처녀는 시집은 가는데
　　　허어 허리 허어 허야

뒷집에 총각 목을 매러 가네
　　　허어 허리 허어 허야

여보게 총각 목을 매지를 말고
　　　허어 허리 허어 허야

나시집 간대로 몸 살라 오게
　　허어 허리 허어 허야

회다지소리-휘러리소리

선소리: 황상복
채보: 정서은
광적면

[새 날리는 소리]

우야훨훨
　　　　우야훨훨

새가 새가 날아든다
　　　　우야훨훨

웬갖 잡새가 날아든다
　　　　우야훨훨

허리 잘러 양구새냐
　　　　우야훨훨

높이 뜬 건 종달샐세
　　　　우야훨훨

우야훨훨
　　　　우야훨훨

회다지소리-새 날리는 소리

선소리:황상복
채보: 정서은
광적면

3. 백석면 고능마을 상여와 회다지소리

(선소리: 김진명, 황정섭, 2004년 7월 1일)

1) 발인-상여소리

[긴소리]

허어 허어 허어호 어러리 넘차 어 허에헤
    허어 허어 허어오 어라리 넘차 허어 에헤

허어 허어 허어호 어러리 넘차 어 허에헤
    허어 허어 허어오 어라리 넘차 허어 에헤

간다 간다 떠나 간다 일가친척 하직하고
    허어 허어 허어오 어라리 넘차 허어 에헤

만장 같은 집을 두고 문전옥답 다 버리고
    허어 허어 허어오 어라리 넘차 허어 에헤

부모형제 이별하고 황천길로 떠나간다
    허어 허어 허어오 어라리 넘차 허어 에헤

명정공포 앞세우고 황천길로 떠나간다
    허어 허어 허어오 어라리 넘차 허어 에헤

구사당에 하직하고
    허어 허어 허어오 어라리 넘차 허어 에헤

한번 가면 못 오는길 황천길이 웬말이냐
    허어 허어 허어오 어라리 넘차 허어 에헤

영이기가 왕즉유택 재진결래영결종천
　　　　허어 허어 허어오 어라리 넘차 허어 에헤

처자식을 뒤에 두고 눈물이 가려나 어이가리
　　　　허어 허어 허어오 어라리 넘차 허어 에헤

아이고데고 곡소리는 구슬퍼서 못가겠네
　　　　허어 허어 허어오 어라리 넘차 허어 에헤

아이고 데고 우지마라 나는 간다 우지마라
　　　　허어 허어 허어오 어라리 넘차 허어 에헤

일가친척 많다해도 어느 일가가 대신가며
　　　　허어 허어 허어오 어라리 넘차 허어 에헤

친구벗이많고 해도 어느 벗이 대신가며
　　　　허어 허어 허어오 어라리 넘차 허어 에헤

동기일신 많다해도 어느 동기가 대신가며
　　　　허어 허어 허어오 어라리 넘차 허어 에헤

못가겠네 못가겠네 서러워서 못가겠네
　　　　허어 허어 허어오 어라리 넘차 허어 에헤

부령청진 가신님은 돈 벌면은 온다지만
　　　　허어 허어 허어오 어라리 넘차 허어 에헤

북망산천 가신님은 어느 시절에 오시려나
　　　　허어 허어 허어오 어라리 넘차 허어 에헤

뒷동산에 고목나무 싹이 나면은 오시려나
　　　　허어 허어 허어오 어라리 넘차 허어 에헤

병풍속에 그린 암탉 꼬끼오 하면은 오시려나
　　　　허어 허어 허어오 어라리 넘차 허어 에헤

가마솥에 삶은 개가 커겅컹 짖으면 오시려나
　　　　허어 허어 허어오 어라리 넘차 허어 에헤

영글렀네 영글렀네 우리님 오시긴 영글렀네
　　　　허어 허어 허어오 어라리 넘차 허어 에헤

명사십리 해당화야 꽃이 진다고 서러마라
　　　　허어 허어 허어오 어라리 넘차 허어 에헤

너는 명년 춘삼월에 싹이 피면 보련마는
　　　　허어 허어 허어오 어라리 넘차 허어 에헤

우리 인생 한번가면 다시 오지 못하도다
　　　　허어 허어 허어오 어라리 넘차 허어 에헤

한국궁에 허개빌어 북망산천 찾아가서
　　　　허어 허어 허어오 어라리 넘차 허어 에헤

구척광정 깊이타고 칠성판으로다 요를 삼아
　　　　허어 허어 허어오 어라리 넘차 허어 에헤

금잔디로다 이불 삼어 산천초목을 울을 삼어
　　　　허어 허어 허어오 어라리 넘차 허어 에헤

두견접동 벗을 삼아 잠든 듯이 누었으니
　　　　허어 허어 허어오 어라리 넘차 허어 에헤

살은 썩어 물이 되고 뼈는 썩어 진토되네
　　　　허어 허어 허어오 어라리 넘차 허어 에헤

어느 누가 날 찾다가 무덤가에 찾아와서
　　　　허어 허어 허어오 어라리 넘차 허어 에헤

제전을 차려놓고 호천망극 곡을 한들
　　　　허어 허어 허어오 어라리 넘차 허어 에헤

오느니 온 줄 알고 가면은 간 줄 알며
　　　　허어 허어 허어오 어라리 넘차 허어 에헤

불쌍한 이내 신세 어느 누가 알아주나
　　　　허어 허어 허어오 어라리 넘차 허어 에헤

앞산에는 두견새요 뒷산에는 접동새라
　　　　허어 허어 허어오 어라리 넘차 허어 에헤

흐르는 것은 눈물이요 나온 것은 한숨일세
　　　　허어 허어 허어오 어라리 넘차 허어 에헤

못다 먹고 못다 쓰고 적삼 벗어 배에 얹고
　　　　허어 허어 허어오 어라리 넘차 허어 에헤

한심하게 가는 인생 한심하고도 허망쿠나
　　　　허어 허어 허어오 어라리 넘차 허어 에헤

우리 인생 허망쿠나 세월이 유수로다
　　　허어 허어 허어오 어라리 넘차 허어 에헤

엊그저께 젊든 이 몸이 어언간에 인생백수
　　　허어 허어 허어오 어라리 넘차 허어 에헤

[오호소리]
오호 어헤
　　　오호 어헤

오호 어헤
　　　오호 어헤

오호 어헤
　　　오호 어헤

여보시오 회원님네
　　　오호 어헤

이내 말씀 들어보소
　　　오호 어헤

아침나정 성튼몸이
　　　오호 어헤

저녁나절 병이들어
　　　오호 어헤

인삼녹용 약을 쓴들

오호 어헤

약에 효험 있을소냐
오호 어헤

판수불러 경읽은들
오호 어헤

경에 덕이나 입을 소냐
오호 어헤

무녀불러 굿이나 한들
오호 어헤

굿에 덕이나 입을소냐
오호 어헤

병은 점점 깊어만가고
오호 어헤

죽음길로 들어서서
오호 어헤

일직사자 월직사자
오호 어헤

한손에다 철봉들고
오호 어헤

또 한손에 쌍검들고

오호 어헤

활등같이 굽은길을
오호 어헤

살대같이 달려들어
오호 어헤

성명석자 불러내어
오호 어헤

일직사자 앞에서끌고
오호 어헤

월직사자 뒤에서미네
오호 어헤

아니가지 못하겠구나
오호 어헤

저승길로 들어서서
오호 어헤

모진 목숨 숨넘어가니
오호 어헤

대상꾼 달려들어
오호 어헤

육진장포 일곱매를

오호 어헤

상하로 질끈동여
오호 어헤

대밀목 생목천에
오호 어헤

덩그라니 올려를 노니
오호 어헤

아니 가지 못하겠구나
오호 어헤

[자진소리]
오호 어헤
어허 어헤

오호 어헤
어허 어헤

오호 어헤
어허 어헤

오호 어헤
어허 어헤

오호 어헤
어허 어헤

오호 어헤
      어허 어헤

오호 어헤
      어허 어헤

오호 어헤
      어허 어헤

오호 어헤
      어허 어헤

오호 어헤
      어허 어헤

오호 어헤
      어허 어헤

오호 어헤
      어허 어헤

오호 어헤
      어허 어헤

오호 어헤
      어허 어헤

오호 어헤
      어허 어헤

오호 어헤
　　어허 어헤

오호 어헤
　　어허 어헤

오호 어헤
　　어허 어헤

4. 2003년 양주 전통문화축제 공연 자료

(선소리: 최장환, 2003년 5월 4일)

1) 회다지소리

[긴소리]

곰방네

곰방네

곰방님네

　　　예이

옛날 옛법 버리지 말고 새법 내지 말고

옛날 노인들 하시든 회다지 한번 하여보세

　　　예이

에 에헤이 어허어 달고

　　　예이 에헤이 달고

고래등 같은 집을 두고 처자식 다 버리고

문전옥답 다 버리고 누구를 찾아 나 여기 왔소

　　　예이 에헤이 달고

부령청진에 가신님은 돈 벌면 오시겠지만

공동묘지 가신님은 언제 돌아 오시나요

　　　예이 에헤이 달고

[자진소리]

에헤야라 달고

　　　에헤여라 달고

어화역군에 내 동간들
　　　　에헤여라 달고

네격 내격에 시격을 말고
　　　　에헤여라 달고

먼데 사람은 듣기가 좋고
　　　　에헤여라 달고

가깐데 어른들은 보시기 좋게
　　　　에헤여라 달고

함경도 묘향산은
　　　　에헤여라 달고

대동강이 둘러있고
　　　　에헤여라 달고

황해도 구월산은
　　　　에헤여라 달고

서해바다가 둘러 있고
　　　　에헤여라 달고

전라도 지리산은
　　　　에헤여라 달고

섬진강이 둘러있고
　　　　에헤여라 달고

경상도 태백산은
　　　　에헤여라 달고

낙동강이 둘러있고
　　　　에헤여라 달고

충청도에 계룡산은
　　　　에헤여라 달고

공주 금강이 둘러있고
　　　　에헤여라 달고

강원도로 내려가서
　　　　에헤여라 달고

팔도명산 금강산은
　　　　에헤여라 달고

동해바다가 둘러 있고
　　　　에헤여라 달고

경기도 삼각산은
　　　　에헤여라 달고

임진강이 둘러 있고
　　　　에헤여라 달고

팔도명산을 다 돌아서
　　　　에헤여라 달고

이고장을 찾아오니
　　　　　에헤여라 달고

이소리가 길면은
　　　　　에헤여라 달고

다른 소리로 인정을 허니
　　　　　에헤여라 달고

[꽃방아타령]
에헤 에헤이요
에헤 에헤 에헤야
에야 에헤야
에헤리 좋소
　　　　　에헤 에헤이요
　　　　　에헤 에헤 에헤야
　　　　　에야 에헤야
　　　　　에헤리 좋소

좋다 좋구나
이 소리가 무슨 소리
자진방아로 에루하 인정했소
　　　　　에헤 에헤이요
　　　　　에헤 에헤 에헤야
　　　　　에야 에헤야
　　　　　에헤리 좋소

좋다 좋구나
산에 올라 산진방아

들로 나려 수진방아
여주 이천엔 자차방아
김포통진엔 에루하 물다리 방알세
　　　에헤 에헤이요
　　　에헤 에헤 에헤야
　　　에야 에헤야
　　　에헤리 좋소

좋다 좋구나
가구서 못 올 님이면
정이나마 가져를 가지
몸은 가구서 정만 남으니
밤은 적적 야삼경인데
　　　에헤 에헤이요
　　　에헤 에헤 에헤야
　　　에야 에헤야
　　　에헤리 좋소

좋다 좋구나
꿈아 꿈아 무정헌 꿈아
날과 무슨 웬수길래
오신님을 다 보내놓고
잠든 나를 에루하 깨우느냐
　　　에헤 에헤이요
　　　에헤 에헤 에헤야
　　　에야 에헤야
　　　에헤리 좋소

좋다 좋구나
강남산 앞에 제비란 놈은

박씨 하나를 입에다 물고
이집 저집을 다 젖혀놓고
흥부에 집으로 에루하 날아 든다
　　　에헤 에헤이요
　　　에헤 에헤 에헤야
　　　에야 에헤야
　　　에헤리 좋소

좋다 좋구나
사람마다 벼실을 허면
농부될 사람이 어디 있고
의사마다 병 다 고치면
북망산천이 에루하 왜 생겼느냐
　　　에헤 에헤이요
　　　에헤 에헤 에헤야
　　　에야 에헤야
　　　에헤리 좋소

좋다 좋구나
내가 너를 때릴 적에는
아프라고 널 때렸느냐
정에 겨워 널 때렸으니
아일랑은 에루하 모여나라
　　　에헤 에헤이요
　　　에헤 에헤 에헤야
　　　에야 에헤야
　　　에헤리 좋소

좋다 지었구나
이 소리로다 해를 넹기나

다른 소리로 에루하 인정 허세
　　　에헤 에헤이요
　　　에헤 에헤 에헤야
　　　에야 에헤야
　　　에헤리 좋소

[상사소리]
닐닐닐 상사두야
　　　닐닐닐 상사도야

어제 오늘 성튼 몸이
　　　닐닐닐 상사도야

상사소리가 웬말이냐
　　　닐닐닐 상사도야

무엇이 그리워 상사더냐
　　　닐닐닐 상사도야

돈이 그리워 상사더냐
　　　닐닐닐 상사도야

배가 고파서 상사더냐
　　　닐닐닐 상사도야

님 그리워서 상사더냐
　　　닐닐닐 상사도야

임이 그리워 상사라면

널닐닐 상사도야

명동 복판에다 묻어주지
　　　　널닐닐 상사도야

술이 고파서 상사라면
　　　　널닐닐 상사도야

양조장 앞에다 묻어두마
　　　　널닐닐 상사도야

이 소리는 고만두고
　　　　널닐닐 상사도야

우야소리로 인정을 했소
　　　　널닐닐 상사도야

[새 날리는 소리]
우야 훠럴
　　　　우야 훠럴

칠팔월이 되었느냐
　　　　우야 훠럴

우야소리가 웬말이냐
　　　　우야 훠럴

아랫녘 새며 우대새다
　　　　우야 훠럴

몸채가 좋은 건 공작새고
　　　우야 휘렁

말 잘 허는 건 앵무새라
　　　우야 휘렁

전수회의 운영과 회원명단

　현재 백석면의 양주 상여와 회다지소리 보존회에는 총 155명(2006년 2월말 기준)의 회원이 등록되어 있다. 문화재로 지정받은 최장환 어른을 비롯하여, 회를 이끌고 있는 고명산회장 이하 여러 회원들이 매우 적극적으로 보존회의 활동에 동참하고 있다. 임원회는 회장 1명과 전회장 1명을 중심으로 부회장 3·감사 2·운영위원 11·사무국장 1·총무 1·지역장 9명으로 구성되어 있다. 보존회를 운영하기 위한 임원회의와 이사회의는 건의 사항이 있거나 특별히 보존회 공연 등의 내용이 있을 때 수시로 개최되면서, 여러 임원들의 적극적일 활동으로 운영되고 있다. 이러한 운영 방식은 보존회의 탄력적인 조직활동을 보여주는 것으로 임원들의 적극적인 의지가 없이는 불가능한 일이라고 할 수 있다.

　보존회에서는 매년 12월 첫째 토요일에 전수회관의 2층에서 연말 정기총회를 열고 있는데, 이 자리를 통해서 예산결산·보존회 활동 결산·임원선출·회원관리 등의 중대한 사항을 결정한다. 또한 1년 동안 수고한 회원들을 격려하면서 친목을 도모하는 자리를 마련한다.

　신입회원들의 관리는 각 리 단위로 배채된 지역장들의 추천에 의해서 이루어지는데, 각 지역별로 입회를 원하는 사람이 있는 경우 지역장들이 그 적격여부를 판가름해서 연말 정기총회에서 임원회에 알리면, 임원회에서 최종적인 적격여부를 판단해서 가입여부를 알려준다. 따라서 신입회원은 대개 신년에 일괄적으로 서류처리를 한다.

　위의 임원들의 조직표와 함께 양주 상여와 회다지소리 보존회에서 활동하고 있는 회원들의 명단을 소개하면 아래와 같다.

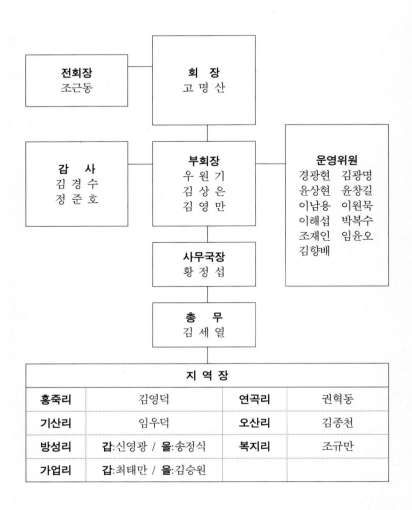

전회장		회 장
조근동		고 명 산

감 사	부회장	운영위원
김 경 수 정 준 호	우 원 기 김 상 은 김 영 만	경광현 김광명 윤상현 윤창길 이남용 이원묵 이해섭 박복수 조재인 임윤오 김향배

사무국장
황 정 섭

총 무
김 세 열

지 역 장			
홍죽리	김영덕	**연곡리**	권혁동
기산리	임우덕	**오산리**	김종천
방성리	**갑**:신영광 / **을**:송정식	**복지리**	조규만
가업리	**갑**:최태만 / **을**:김승원		

연번	회 원 사 진	직 책	성 명(생년, 성별)
		입회일 담 당	주 소
1		보유자	최장환(1927, 남)
		95-1-1 선소리꾼	방성3리 509
2		전수조교	김진명(1957, 남)
		95-1-1 선소리꾼	방성1리 372
3		회장	고명산(1952, 남)
		95-1-1 조문객	오산1리 46
4		전회장	조근동(1956, 남)
		95-1-1 연출	연곡2리 340-4
5		부회장	우원기(1956, 남)
		95-1-1 명정	4리 691-3 라쉐르빌라 102동 302호
6		부회장	김상은(1956, 남)
		95-1-1 방상씨	오산1리 122-3
7		부회장	김영만(1969, 남)
		95-1-1 상두꾼	오산4리 194-4
8		감사	김경수(1957, 남)
		95-1-1 조문객	홍죽1리 687
9		감사	정준호(1959, 남)
		95-1-1 상두꾼	방성2리 131
10		사무국장	황정섭(1957, 남)
		95-1-1 선소리꾼	홍죽2리 470
11		총무	김세열(1962, 남)
		95-1-1 상두꾼	오산1리 72-4
12		전수자	윤상현(1953, 남)
		95-1-1 만장기수	광적면 광성리 117
13		연구생	박복수(1952, 남)
		02-1-1 조문객	복지리동아A.P.T. 101-601
14		전수자	조재인(1952, 남)
		95-1-1 준비요원	가업1리 173
15		전수자	임윤오(1952, 남)
		95-1-1 준비요원	오산4리 456-1

16		전수자	이원묵(1953, 남)
		95-1-1 만장기수	방성5리 4

17		이수자	경광현(1954, 남)
		95-1-1 상주	오산1리 41

18		전수자	이남용(1954, 남)
		95-1-1 상주	복지1리 215

19		이수자	김광명(1955, 남)
		95-1-1 공포	오산1리 41

20		이수자	윤창길(1955, 남)
		95-1-1 사위	기산리상류 (저수지식당)

21		전수자	이해섭(1955, 남)
		95-1-1 만장기수	방성4리 701-2

22		전수자	김향배(1955, 남)
		95-1-1 만장기수	오산1리 72

23		전수자	조규만(1957, 남)
		95-1-1 만장기수	복지1리 112

24		이수자	김영덕(1957, 남)
		95-1-1 상두꾼	홍죽1리 686

25		이수자	임우덕(1957, 남)
		95-1-1 상두꾼	기산리 석곡 327

26		이수자	최태만(1958, 남)
		95-1-1 상두꾼	가업1리 235-3

27		이수자	김종천(1959, 남)
		95-1-1 집사	오산1리 68

28		전수자	김승원(1962, 남)
		95-1-1 준비요원	가업2리 516

29		이수자	신영광(1962, 남)
		95-1-1 상두꾼	방성2리 81-2

30		이수자	송정식(1962, 남)
		95-1-1 상두꾼	방성4리 690

31		이수자	권혁동(1965, 남)
		95-1-1 상두꾼	연곡1리 154-6

32		이수자	송미섭(1939, 남)	40		이수자	유승웅(1959, 남)
		95-1-1 방상씨	방성1리55			95-1-1 상두꾼	기산리(뫼골산장)
33		전수자	우은순(1937, 여)	41		이수자	최창수(1960, 남)
		95-1-1 여상주	연곡1리 156-4			95-1-1 스님	가업2리 462-8
34		전수자	이정옥(1939, 여)	42		이수자	이영건(1960, 남)
		95-1-1 여상주	연곡1리 152-5			95-1-1 상두꾼	오산4리 194-4
35		전수자	안정님(1943, 여)	43		이수자	김재천(1961, 남)
		95-1-1 여상주	연곡1리 40			95-1-1 대회기	방성3리 357-3
36		전수자	김범수(1956, 남)	44		이수자	정창범(1962, 남)
		95-1-1 사위	오산2리 559-2			95-1-1 상두꾼	세아A.P.T. 101동1207호
37		이수자	윤종윤(1957, 남)	45		이수자	정지학(1962, 남)
		95-1-1 상주	연곡1리 50			95-1-1 북	방성1리 227
38		이수자	이남걸(1959, 남)	46		이수자	윤태환(1962, 남)
		95-1-1 상두꾼	기산리 385			95-1-1 상두꾼	홍죽1리 687
39		이수자	김태준(1959, 남)	47		이수자	이보선(1962, 남)
		95-1-1 운삽	기산리 329-1			95-1-1 상두꾼	홍죽2리 546-7

48		이수자	장명숙(1963, 여)
		95-1-1 여상주	방성2리 131
49		이수자	박석순(1965, 남)
		95-1-1 상두꾼	연곡1리 187
50		이수자	강차묵(1960, 남)
		95-1-1 만장기수	홍죽3리 467-1
51		전수자	오인수(1961, 남)
		95-1-1 만장기수	방성1리 237
52		이수자	정 훈(1962, 남)
		95-1-1 상두꾼	가업1리 151
53		전수자	정영규(1960, 남)
		95-1-1 만장기수	방성1리 (오성닭집)
54		이수자	박근서(1970, 남)
		95-1-1 상두꾼	복지리 태영A.P.T. 104동1101호
55		이수자	정지관(1957, .남)
		95-1-1 상주	방성1리 228

56		이수자	조항덕(1962, 남)
		95-1-1 상두꾼	세아A.P.T. 101동1108호
57		전수자	권태준(1965, 남)
		95-1-1 백가마	방성1리 105-6
58		전수자	정재훈(1965, 남)
		95-1-1 상두꾼	오산4리 194
59		전수자	이수열(1963, 남)
		95-1-1 상두꾼	오산3리 357
60		전수자	박복성(1957, 남)
		95-1-1 만장기수	오산4리 188-6
61		전수자	이진묵(1962, 남)
		95-1-1 만장기수	오산1리 97
62		전수자	유영화(1964, 남)
		95-1-1 만장기수	오산2리 535-21
63		전수자	우용한
		95-1-1 준비요원	세아A.P.T. 101동501호

64		전수자	이삼열(1965, 남)
		95-1-1 상두꾼	가업2리 494-1
65		전수자	윤일협(1964, 남)
		95-1-1 준비요원	방성4리 320
66		전수자	이대석(1968, 남)
		95-1-1 준비요원	가업리 세아청솔A.P.T. 304-902
67		전수자	유기종(1966, 남)
		95-1-1 준비요원	홍죽2리 547
68		전수자	김경준(1958, 남)
		95-1-1 상두꾼	홍죽1리 601
69		전수자	한천희(1960, 남)
		95-1-1 만장기수	복지1리 234-4
70		전수자	지금옥(1962, 여)
		95-1-1 여상주	방성1리 233
71		전수자	김현수(1968, 남)
		02-1-1 요여	홍죽리 80-5

72		전수자	고동윤(1968, 남)
		95-1-1 만장기수	가야A.P.T. 104동102호
73		연구생	임태광(1958, 남)
		00-1-1 준비요원	방성1리 234
74		연구생	박미옥(1964, 여)
		00-1-1 여상주	오산1리 72-4
75		연구생	임대빈(1969, 남)
		00-1-1 준비요원	호원동 353-80
76		연구생	김인화(1955, 남)
		02-1-1 만장기수	방성리 691-3
77		연구생	조윤옥(1960, 여)
		02-1-1 만장기수	방성1리 234
78		연구생	김경란(1960, 여)
		00-1-1 여상주	오산1리 68
79		연구생	조용락(1962, 남)
		02-1-1 만장기수	연곡2리 273-2

		연구생	장세용(1958, 남)				전수자	임동호(1968, 남)
80		02-1-1 준비요원	오산1리 세아A.P.T. 101-1614	88			95-1-1 상두꾼	복지2리 535
81		연구생	윤병남(1958, 남)	89			연구생	이대성(1963, 남)
		00-1-1 준비요원	방성1리 215				02-1-1 준비요원	가업리 세아A.P.T. 304-902
82		연구생	고명수(1960, 남)	90			연구생	박재혁(1958, 남)
		04-1-1 준비요원	오산1리 21-5				02-1-1 만장기수	가업1리 150
83		연구생	최광석(1960, 남)	91			연구생	조태옥(1962, 남)
		04-1-1 준비요원	오산4리 493-5				02-1-1 만장기수	복지리동화A.P.T. 101동708호
84		연구생	변재호(1960, 남)	92			연구생	고금주(1959, 여)
		00-1-1 준비요원	방성1리 236				02-1-1 여상주	가업1리 150
85		연구생	이정화(1960, 여)	93			연구생	고경석(1958, 남)
		02-1-1 여상주	오산4리 188-6				02-1-1 준비요원	양주읍 유양리 357
86		연구생	김기록(1966, 남)	94			연구생	이찬행(1958, 남)
		00-1-1 준비요원	가업1리 174				02-1-1 준비요원	가업2리 509
87		연구생	조계동(1964, 남)	95			연구생	채희성(1965, 남)
		00-1-1 지게꾼	가업2리 144				00-1-1 조문객	연곡2리 302

96		연구생	김응실(1956, 여)	104		연구생	연형흠(1966, 남)
		02-1-1 여상주	복지리동아A.P.T. 102-802			02-1-1 요여	방성4리 559-4
97		전수자	정덕영(1969, 남)	105		전수자	김준호(1968, 남)
		95-1-1 상두꾼	방성2리(만석건재)			95-1-1 상두꾼	복지리 태영A.P.T. 104동1101호
98		연구생	이현주(1957, 남)	106		연구생	강호습(1958, 남)
		00-1-1 운삽	기산리 327			02-1-1 만장기수	양주읍 남방리 1-1
99		연구생	강호실(1962, 여)	107		연구생	박대호(1962, 남)
		02-1-1 여상주	홍죽2리 470			02-1-1 준비요원	홍죽1리 725-4
100		연구생	강돈묵(1966, 남)	108		연구생	김진권(1966, 남)
		02-1-1 준비요원	홍죽3리 460-2			00-1-1 준비요원	가업리 554번지
101		연구생	허진행(1965, 남)	109		연구생	손광순(1963, 여)
		00-1-1 준비요원	홍죽1리 354-1			02-1-1 만장기수	방성7리 세아2차 202-405
102		연구생	강순묵(1964, 남)	110		연구생	김상천(1957, 남)
		02-1-1 준비요원	홍죽2리 874-4			02-1-1 만장기수	의정부시 신곡동 685 벽산A.P.T. 5동804호
103		전수자	이갑수(1959, 남)	111		연구생	정지현(1957, 남)
		95-1-1 만장기수	의정부시금오동398 한양빌라A동206			00-1-1 만장기수	양주읍 남방리 1-1

112		연구생	곽현순(1969, 여)
		00-1-1 준비요원	방성6리 대교A.P.T. 105동-1002호

113		연구생	김재옥(1956, 여)
		02-1-1 만장기수	동화A.P.T. 207-106

114		연구생	김미애(1960, 여)
		02-1-1 만장기수	동화A.P.T. 201-1302

115		연구생	오정숙(1965, 여)
		02-1-1 만장기수	동화A.P.T. 208-204

116		연구생	이복순(1954, 여)
		02-1-1 만장기수	동화A.P.T. 104-202

117		연구생	홍순화(1965, 남)
		02-1-1 준비요원	홍죽2리 602

118		연구생	전정란(1960, 여)
		02-1-1 여상주	기산리 석곡 327

119		연구생	전정환(1950, 여)
		02-1-1 여상주	방성1리 183

120		연구생	장미섭(1967, 남)
		02-1-1 여상주	방성6리 대교A.P.T. 101동-1003호

121		연구생	안병모(1956, 남)
		02-1-1 만장기수	연곡2리 273-2

122		연구생	김춘영(1962, 여)
		02-1-1 여상주	기산리 327

123		연구생	조영혼(1957, 남)
		02-1-1 준비요원	방성3리 362-7

124		연구생	김성준(1961, 남)
		02-1-1 준비요원	홍죽1리 373-1

125		전수자	김병회(1963, 남)
		95-1-1 준비요원	홍죽1리 373

126		연구생	함승철(1965, 남)
		02-1-1 준비요원	인천 남동구 만수6동 한국A.P.T. 101-302

127		연구생	김규석(1966, 남)
		02-1-1 준비요원	홍죽1리 362

128		연구생	신상이(1970, 남)
		05-1-1 만장기수	포천시 군내면 유교리 171-5

129		연구생	류종호(1968, 남)
		05-1-1 만장기수	오산2리 559

130		연구생	김창현(1953, 남)
		02-1-1 준비요원	광적면 가납리 702-9

131		연구생	윤만중(1957, 남)
		02-1-1 준비요원	가업리 204

132		연구생	조영화(1950, 여)
		02-1-1 여상주	홍죽3리 480-2

133		연구생	박대준(1960, 남)
		02-1-1 백가마	홍죽2리 579

134		연구생	이용재(1965, 남)
		04-1-1 준비요원	가업1리 256-2

135		연구생	이걸하(1964, 남)
		04-1-1 만장기수	기산리 362

136		연구생	정태영(1952, 남)
		02-1-1 준비요원	광적면 광석리 425-5(삼영섬유)

137		연구생	조명화(1964, 여)
		02-1-1 만장기수	가업리 204

138		연구생	송연화(1952, 여)
		00-1-1 여상주	오산2리 543-9

139		연구생	임해영(1959, 남)
		06-1-1 만장기수	백석읍 홍죽3리 472번지

140		연구생	황천욱(1962, 남)
		00-1-1 상두꾼	오산4리 477-1

141		연구생	고장수(1960, 남)
		05-1-1 준비요원	오산1리 46

142		연구생	김정현(1959, 남)
		04-1-1 준비요원	호원2동55-4 신일 유토빌A.P.T. 113-1403

143		연구생	노현숙(1963, 여)
		02-1-1 만장기수	홍죽3리 467-1

144		연구생	조근욱(1959, 남)	150		연구생	전 춘(1965, 남)
		04-1-1 만장기수	남방1동 1-1 도로과			06-1-1 만장기수	광적면 광석리 278
145		연구생	이근욱(1958, 남)	151		연구생	이태호(1961, 남)
		05-1-1 만장기수	연곡리 242-8			05-1-1 만장기수	방성4리 252번지
146		연구생	구기숙(1965, 여)	152		연구생	정지왕(1967, 남)
		05-1-1 만장기수	복지리 234-4			06-1-1 상두꾼	방성리 222
147		연구생	허선강(1957, 남)	153		연구생	유미정(1970, 여)
		05-1-1 만장기수	녹양동 현대A.P.T. 103-1106			06-1-1 만장기수	방성리 222
148		연구생	성열웅(1958, 남)	154		연구생	조영석(1953, 남)
		05-1-1 만장기수	연곡리 산57			06-1-1 선소리꾼	홍죽2리 548
149		연구생	이경찬(1958, 여)	155		연구생	박정화(1962, 여)
		06-1-1 만장기수	의정부시 신곡동 471 건영ATP 101-2105			06-1-1 기획	장흥면 부곡리 496

김헌선

경기대학교 국문학과
한국학대학원 석사과정
경기대학교 대학원 박사과정
경기대학교 한국동양어문학부 국문학전공 교수

주요논저

『한국의 창세신화』(1994)
『경기도 도당굿 무가의 현지 연구』(1995)
『일반무가』(1995)
『사물놀이이야기』(1995)
『한국구전민요의 세계』(1997)
『사물놀이의 위대한 서사시, 김용배의 삶과 예술』(1998)
『세계의 영웅신화』(공저, 2002)
『세계의 창세신화』(공저, 2003)
『제주도 조상신본풀이 연구』(2006)
『동해안 화랭이 김석출 오구굿 무가 사설집』(2006)

양주 상여와 회다지소리

초판 1쇄 인쇄 2006년 6월 3일
초판 1쇄 발행 2006년 6월 9일
편저자 김헌선
펴낸이 박성복
펴낸곳 도서출판 월인
등록 제6-0364호(1998. 5. 4)
주소 142-879 서울특별시 강북구 수유2동 252-9
전화 (02) 912-5000
팩스 (02) 900-5036
e-mail worin@hitel.net
homepage http://www.worin.net

ISBN 89-8477-324-7 93380

값 9,000원